Viktor Emil
Frankl

The Unheard Cry for Meaning

〈生きる意味〉を求めて

V・E・フランクル
諸富祥彦［監訳］上嶋洋一・松岡世利子［訳］

春秋社

目次

〔凡例〕

（1）原書の注は脚注と参照文献になっているが、訳出に際して、形式を統一し、巻末に一括した。

（2）訳注は〔　〕に入れて本文中に挿入した。

（3）原文のイタリックは原則として傍点で示した。

（4）原書の第一章は訳出に際して小見出しに即し1から3に分割した。また最終章「Paradoxical Intention and Dereflection」とロゴセラピーに関する英語文献リストは割愛した（監訳者解説参照）。

生まれなかったわが子、ハリーあるいはマリオンに捧ぐ

とっておきの感謝の言葉は、わが妻エレオノーレ・カタリーナに捧げたい。多くの人を助けるために、何年にもわたって私を支えてくれた、そんな彼女の犠牲的な努力すべてに感謝している。

「光と共にある温かさに捧ぐ」——まさしく彼女にはこんな献辞がふさわしい。これは、かつてジェイコブ・ニードルマン教授が、私の講演旅行に同行していた妻（講演旅行にはいつも彼女が一緒だった）に贈って下さった自著に、書きそえられていた言葉である。光と共にある温かさ……願わくば、たとえ光は消えようとも、その温かさだけはいつまでも消えることのないように……

ヴィクトール・E・フランクル

〈生きる意味〉を求めて

はじめに

この本は、私の二冊の本、『心理療法と実存主義』および『無意識の神――心理療法と神学(1)』で展開されたテーマを受け継ぐものである。

もともとこの本は、いくつかのエッセイを集めて、それをまとめて本にしようと企画されたものであった。しかし、その内容を書き直したり、ふくらませたりしているうちに分かってきたことがある。それは、この本の各章を構成している論文が、以前はそれぞれが完結し独立した論文だと思っていたが、実は相互につながっており、一本の糸でまとめることができるのではないかということである。中でも重要なのは、最初の二つの章〔本訳書では1～4〕であり、そこでは、ロゴセラピーの体系が基礎を置いている三つの中心的な概念、すなわち「意味への意志」「生きる意味」「意志の自由」について論じてある。

ロゴセラピーはたいてい、「実存主義的精神医学」あるいは「人間性心理学」のカテゴリーに分類されている。しかしながら、私の本を読んで下さった方なら、私が実存主義に対して、あるいは少なくとも「実存主義と呼ばれているもの」に対して、いくつかの批判をしてきたことを知っておられると思う。同様に、いわゆるヒューマニズムあるいは「偽のヒューマニズム」と私が呼ぶものに対しても、そしてまた、驚かないでいただきたいけれども、「偽のロゴセラピー」に対しても、本書の中で私は同じように批判を加えた。

実存主義およびヒューマニズムが、精神医学や心理学の中でどのような位置を占めているかを明確にするために、心理療法の歴史を少し振り返ってみよう。

私たちはみな、心理療法における偉大な人物、ジークムント・フロイトの教えから多くのものを学んできた。私もまたそうである（ご存じかどうか分からないけれども、一九二四年すなわち私がまだ十九歳だった時に公刊されることになった私の論文は、フロイトの個人的な要請と仲介があって、国際精神分析学会の学会誌に載ったものである）。

フロイトは私たちに、神経症なるものの仮面を剝がすこと、つまり神経症患者の行動の背後にある、隠された無意識の動機を明らかにすることを教えてくれた。しかし、私がずっと言い続けているように、もはやそれ以上仮面を剝がすことができない何かに精神分析家がぶつかった時は、その時点で、仮面剝がしをやめなければならない。本当のものだと確信できたものに、さらにそれ以上の仮面剝がしをしても意味がないからである。

ところが、「仮面剝がしの心理学者たち」（かつて精神分析家たちは自分たちのことをこう呼んでいた）の中には、本当のものだと確信できたものに出会っているにもかかわらず、仮面剝がしをやめようとしない人たちがいる。彼らはなおも仮面剝がしを続けようとする。これこそ、彼ら精神分析家たちの隠された動機、無意識の願望そのものである。彼らは人間の中にある、本当のもの、真に人間的なものの価値を引き下げたいのである。その品位を引き下げたい、評価を引き下げたいのである。

ところで、精神分析に対しては長い間、異論をぶつけてくる学派などなかった。しかし、その世界にも、学習理論に基づく行動療法が勢力を広げてきている。

行動療法は、フロイト派の病因論の多くが、単なる信仰にすぎないという証拠を提示した。神経症のどのケースもそのすべてが、必ずしも幼児期それもかなり早い時期の心的外傷体験に起因するわけではなく、イド、自我、超自我の間の葛藤に起因するわけでもない。また、短期間の行動修正法による治療では、精神分析とは違って、症状が消えてもその後に別の代償反応が起こる——自然に症状が消えたのでない限り——と言われているが、そういう代償反応が起こることはないという。かくして人は、行動主義の中に、「神経症の脱神話化」(demythologization of neurosis)を見てとる[2]。

しかし、それでも満足しきれない気持ちは残る。というのも、意識されているいないにかかわらず、すべての心理療法に必ず存在している人間観の中に、人間的な次元、人間的な現象の次元が含まれていないのなら、私たちの時代の病そして苦しみ——たとえば、むなしさや、個性や人間らしさを失ってしまったような感覚に対処することは不可能だからである。

ノルウェーの心理学者、ビヨルネ・クビルハウグは、ロゴセラピーが学習理論を再び人間的なものにしたと主張している。マインツ大学精神科の故ニコラウス・ペトリロヴィッチは、ロゴセラピーが精神分析を再び人間的なものにしてくれたと言った。つまり、ほかのすべての心理療法と違い、ロゴセラピーは、神経症の次元にとどまっていないと彼は言う。これはどういう意味なのか。

精神分析は、神経症をなんらかの心理的なダイナミクスの結果と考える。だから、その心理的ダイナミクスに立ち向かうために、たとえば適切な転移関係といったもう一つの別の心理的なダイナミクス、援助的なダイナミクスを導入しようとする。

行動療法では、神経症の原因を、なんらかの学習あるいは条件づけの過程に求める。それゆえ、行動療法は、再学習、再条件づけという処方によって、神経症に立ち向かおうとするのである。しかし、ペトリロヴィッチのうまい表現を借りれば、どちらの場合も、そのセラピーは神経症の次元にとどまっている。

それに対してロゴセラピーは、神経症の次元を超えて進もうとする。つまりロゴセラピーは、神経症の次元を超えて、人を人間的な次元にいざない、その人間的な次元でしか役に立たない方法で立ち向かおうとする。すなわち、人間の自己超越性（self-transcendence）と自己離脱性（self-detachment）。ロゴセラピーは、この二つの、人間だけが持つ能力を利用しようとするのである。

自己離脱性は、逆説志向（paradoxical intention）というロゴセラピーの技法が用いられる時に常に働いている。また、自己超越性も、診断や治療において、等しく重要な役割を果たしている。

自己超越性を心に思い描くことができなければ、あるいは、ついでに言えばその自己超越性の一つの側面である、意味への意志というものを思い描くことができなければ、意味への意志が満たされないがゆえに起こる精神因性の神経症（noögenic neurosis）というものを診断することなどまったくできなくなる。

それだけではない。自己超越性に訴えかけることも、あるいは、仮にそれが何かに置き換えられてしまっていた時、患者の無意識の中から、その自己超越性を呼び起こすこともできなくなるのである。

このように精神次元に働きかけることは、しばしばロゴセラピーの主要な任務になっている。そしてこれはきわめて厳密な経験科学によっても支持されている。意味への意志という考えが生き残るに値する概念であることを、統計学的な実証研究は立証してくれたのである。

これと同様のことが、自己離脱性に関しても、厳密な経験科学に基づいて証明されてきた。つまりこの自己離脱性は、人間の心に、いわば生まれた時から組み込まれている重要な「コーピング・メカニズム（対処行動）」だというのである。後で示すつもりだけれども、このことは、特にユーモアに代表される自己離脱性の持つコーピング・メカニズムの側面にうまく当てはまる。

要約すると、精神分析は私たちに「神経症なるものの仮面を剝がすこと」を教え、行動主義は「神経症の神話を崩すこと」を教えてくれた。そして今やロゴセラピーは、ペトリロヴィッチやクビルハウグが言うように、「精神分析と行動主義の双方を再び人間化すること」を私たちに教えているのである。

しかし、こういう言い方ではあまりに単純化しすぎていると言われるだろう。三つの立場はこうした順序で起こってきたというだけでなく、この三つの立場はそれぞれ独立した立場を持ちながらも相互に合流して、一つの大きな流れとして存在しているのである。西ドイツの著名な精神分析学者ヴォルフガング・ロッホの口から、今ではこんな言葉を耳にすることもできるようになった。いわく、「その本質において、精神分析学的対話は、新しい人生の意味を創造しようとする努力なのである(3)」と。また、ニューヨーク行動療法センターの所長、レナード・ベイチェリスの次のような趣旨の言葉が引用されている。彼によると、このセンターで治療を受けている人たちの多くは、いい仕事に就き、社会的にも成功している人たちでありながら、自殺したいという。その理由は、彼らが人生のむなしさに苦しんでいること、つまり社会的に成功してはいるが、みずからの人生に意味を見出すことに成功していないことにあるというのである(4)。

このように、心理療法における様々な立場も、次第に一つの方向に収斂してきているといえよう。

ロゴセラピーについて言えば、少なくとも私自身はこう主張し続けてきた。すなわち、ロゴセラピーは万能ではない。しかし、万能ではないからこそ、ロゴセラピーは、ほかの様々なアプローチとの協力にもみずからを開いていこうとするのであり、さらに言えば、ロゴセラピー自身が変わっていくことに対しても開かれているのであると。

精神分析も行動理論も共に、人間的な現象の人間的な側面を、かなり無視している。どちらも還元主義的思考に、今もなお夢中になっている。このことは双方のセラピスト訓練の過程を見れば一目瞭然である。そして、この還元主義こそ、ヒューマニズムの対極にあるものなのである。還元主義とは、私に言わせれば、サブ・ヒューマニズム（subhumanism）、つまり人間に似てはいるが人間以下の何ものかに人間を変造する考え方である。還元主義はみずからの適用範囲を人間以下の次元に限定する。「科学的」真理という狭い真理観による歪みが災いして、結局、還元主義は諸々の現象をプロクルステスのベッド（ベッドの寸法に足りない者は引き延ばし、はみ出した者は切り落とすというギリシャ神話）にしてしまっている。つまり還元主義のしていることは、あらかじめ作られている解釈のパターンを、その現象に押し付けているだけなのである。それは精神分析の考え方に沿うものであれ、学習理論に沿うものであれ、変わりはない。

しかし、それでもこの二つの学派は、重要な貢献をしてきた。ロゴセラピーは、フロイト、アドラー、パブロフ、ワトソン、スキナーといった偉大な開拓者たちの、適切で真摯な発見が意味のないものだとはまったく考えていない。それぞれの次元の範囲内では、どの学派の言うことも正しい。ただ、彼らの主張の本当の意義そして価値は、彼らの考え方を、より高い、より包括的な次元、つまり人間的な次元の中に置いた時に初めて、はっきりと目に見える形になって現われてくるはずだと考えているのである。

この人間的な次元の中では、おそらく、人間の基本的な関心は、衝動を満たすこととか、本能を満足させることとか、あるいはついでに言えば、イド、自我、超自我を和解させることにあるという見方は、もはやできなくなるだろう。人間の実像を、条件づけあるいは条件反射の単なる結果として解釈されることもないだろう。

人間的な次元の中では、人間は、生きる意味を探求する存在として立ち現われてくるはずだ。しかし、意味を探求することが取るに足らないことのように思えていること、そこにこそ私たちの時代の多くの不幸を説明してくれる何かがあるのではないだろうか。生きる意味を求めて叫んでいるクライエントを目前にしながら、頭からそのような声には一切耳を傾けようとしないセラピストたち。そんな彼らに、今日の集団神経症を理解することが本当にできるのだろうか。

この本も含めて、多くの論文や本を私は書いてきた。そこに書かれていることは、少なくともぱっと見ただけなら、きっと時代遅れのように見えるだろう。しかし、その中のいくつかは、まさに時を得たものだということもまた、きっと確信するはずである。世界的な規模で広がっている無意味感、むなしさの感情の出現とその根深さのことをよく考えてみていただきたい。もしそれが一九七〇年代に蔓延する集団神経症であるというのなら、私は自分自身の力のなさを恥じる。この集団神経症の増加と広がりを、すでに私は五〇年代に予測し、そしてそれに先立つ三〇年代に、すでにその治療法を考え出していたのだから。

ヴィクトール・E・フランクル

一九七七年、初めて春になった日に、ウィーンにて

1　意味への叫び⑴

「ロゴセラピー（Logotherapy）」という言葉を文字通りに訳せば、「意味による治療（therapy through meaning）」である。もちろん「意味による癒し（healing through meaning）」と訳すこともできる。ただ、この訳の場合、今のロゴセラピーには必ずしも含まれていない宗教的なトーンが、少し強くなりすぎるかもしれない。いずれにせよ、ロゴセラピーが、意味中心療法（meaning-centered therapy）であることには変わりはない。

この「意味による治療」という考え方は、心理療法というものを概念化する伝統的なやり方を、まさに逆転させている。心理療法の伝統的な考え方からすれば、心理療法とはむしろ「治療によって意味を獲得させること（meaning through therapy）」と表現されるものだからである。

しかし実際のところは、仮に伝統的な心理療法が、生きる意味や目的の問題に真っ正面から取り組んだとしても、つまり意味や目的を別のからくりに還元したりせず、「防衛機制」や「反動形成」といった観点から推測したりもせず、[2] そのまま額面通りに受け止めてくれたとしても、それは次のような考え方を推奨する文脈の中でなされているにすぎない。伝統的な心理療法はこんなふうに言う。「あなたは今まさにエディプス・コンプレックスの状況に置かれています。去勢不安を取り除きなさい。それができれば、あなたは幸せになるでしょう。自己を実現できるでしょう。自分の潜在的な力を実現することもできるでしょう。そして在るべき自分になれるのです」と。別の言葉で言えば、意味はひとりでにあなたのもとへやってくるというのである。しかし、この言葉はこんなふうに聞こえないだろうか。いわく、「なんじら、まずはフロイトとスキナーの王国を訪ねよ。しからば、すべてなんじらに与えられん」と。

とはいえ、ことはそんなふうにうまくはいかなかった。むしろ、たとえ神経症が取り除かれたとしても、そこには、その神経症が取り除かれなかった時以上に、ある空虚さが残されてしまうことに気づいたのである。つまり、患者はうまく適応している。非常に良く機能している。しかし意味をつかむことはできないでいるのである。

今まで、私たちは患者を一人の人間としてみてきただろうか。意味というものを絶えず探し求める存在として、患者をみてきただろうか。人間に特徴的に見られるこの意味への探求を、私たちは額面通りまともに受け取るということはしてこなかったのである。もっぱら、背後に隠れている無意識の心理的ダイナミクスの単なる合理化としてしか受け止めてこなかったのである。

人は、探求すべき意味さえ見出すなら、敢えて苦しむことも甘受し、犠牲に身を捧げ、そしてもし必要とあらば、そのためにみずからの命をも捧げる覚悟をする。そのことが今まで見過ごされ、忘れられてきたのである。また反対に、生命をかけたいと思うような意味が存在しない時はどうか。その時でも、たとえ人間の欲求すべてが、外から見える限り満たされていたとしても、人は敢えて苦しむことも覚悟のうえで、意味へ向かおうとするものなのである。

こうしたことのすべてを、私は以前教えた一人の学生が送ってくれたレポートを通して確信した。そのレポートによると、あるアメリカの大学で自殺を試みた六十人の学生のうち八五%が、自殺を試みた理由として挙げていたのは、「人生が無意味に思えたから」であった。しかし、はるかに重要なことは、明らかに人生の無意味感に苦しんでいるこの学生たちの九三％が、「社会的には積極的に活動し、学習面でもかなりの成績をとり、そして家族との関係においてもうまくやっている」学生たちだったことである。

ここにあるのは、いわば意味を求めて叫んでいるにもかかわらず、耳を傾けてもらうことのなかった叫び声である。これは明らかに、一つの大学だけに限られるものではない。アメリカの学生の自殺率の驚くべき高さを考えてみてほしい。第一位の死因、交通事故についで、自殺はなんと第二位である。自殺未遂なら、その十五倍の数になるかもしれないのだ。

こうしたことが、豊かな社会の真っ只中で、福祉国家の真っ只中で起きているのである。あまりにも長い間、私たちは夢を見続けてきたのかもしれない。そして今、その夢から目覚めようとしている。私たちの見た夢、それは人々の社会経済状況さえ改善すれば、すべてはうまくいき、人々は幸せになるだろうという夢……。

しかし実際のところは、生き残るための戦いがおさまるにつれて、一つの問いが浮かび上がってきたのである。「何のために生き残ろうとしているのか？」という問いが。今日では多くの人々が生きる手立て《ミーンズ》を手に入れた。しかし何のために生きるのかという意味《ミーニング》

までは手に入れていないのかもしれない。(3)

その一方で、これとは逆の、非常に不幸な状況の下にあって、しかし幸せな人々を私は知っている。クレーヴ・Wからもらった手紙の一部を引用してみたい。この手紙は彼がアメリカの州立刑務所、ナンバー〇四九二四六だった時に書かれたものである。彼は次のように言う。「ここ、刑務所の中には、務めを果たし、成長するための、本当にたくさんの機会が存在しています。そして私は、今まで経験したことのないような、本当の幸せを今生きています」と。

おわかりだろうか。今まで経験したことのない幸せが、刑務所の中にあるなんて。

あるいはまた、デンマーク人のホームドクターからは、最近こんな手紙をいただいた。「この半年、私の父が癌で闘病生活を送っていました。最後の三ヵ月は、私の家で一緒に暮らしました。父の世話は私と私の妻がしていました。フランクル先生にどうしてもお伝えしたいのは、その三ヵ月間が、私たち夫婦の人生の中で、最も幸福な時だったということです。私たちは医者であり看護婦ですから、当然いろんなことをうまくこなしていく能力を持ってはいました。しかし、先生の本の一節を毎晩父に読んで聞かせた時のことは、おそらく死ぬまで忘れないでしょう。父は一緒に暮らした三ヵ月の間に、自分の病気が治らないことを知りました。しかし一言も不満を言いませんでした。私は私で、『お父さんをこんなに身近に感じられるなんて、私たちは本当に幸せだ』と、父の最後の夜まで言い続けていました。心臓発作で、あっと言う間に父が死んでいたなら、この充実した時を知らず、私たちは心貧しいままだったことでしょう。こうしたことを、私は本で読んで知っただけでなく、今まさにそれを体験したのです。今は私も父と同じような最期を迎えたいと願うだけです。」

繰り返そう。悲劇に直面していても、幸せな人はいる。苦しみにもかかわらず存在する意味ゆえに。癒しの力は、意味の中にこそあるのである。

意味による治療というテーマに戻りたい。この「意味による治療」というものが暗に示しているのは、神経症が、どんな場合も、意味の欠如によって引き起こされるということではない。「意味による治療」という言葉で伝えたいのは、たとえ意味の欠如が原因で神経症が引き起こされるのでなくても、欠落した意味を満たすことは治療的な効果を持つという事実である。

この意味では、偉大な外科医パラケルススは正しかった。彼は言う、「病の源は自然の領域の中にある。しかし、癒しは精神の領域からやってくる」と。これをもう少し専門的な、ロゴセラピーの言葉で言えば次のようになるだろう。神経症は必ずしもそのすべてが精神因性、つまりむなしいという感覚の結果ではない。なんらかの心理的なダイナミクスや、条件づけや学習の過程に起因する心因性の神経症、つまりは伝統的な意味での神経症もなお存在している。しかし、ロゴセラピーが主張するのは、そうした病因を超えたところに、意味の探求といった、人間だけにしか見られない現象の次元もまた存在しているということである。そしてこの意味の探求の挫折が神経症を引き起こすこともあるということに気づかなければ、現代の病を克服することはもちろん、理解することさえできなくなってしまうだろう。

これに関連して、人間的な次元——ロゴセラピーでは精神学的次元（noölogical dimension）とも呼んでいる——は心理学的な次元を超えた、より高度な次元であるという点を私は強調しておきたい。ただし、ここで言う「より高度」とは、より包括的だということ、低い次元を含み込んでいるということを表しているにすぎない。

それぞれの次元の中で見出された発見を根拠に、ほかの次元で見出されたものを否定することはできない。人間の独自性、人間らしさというものの存在は、人間が心理学的な次元や生物学的な次元ではなお動物としての特質を示すという事実と矛盾するものではないのである。

だからこそ、私たちは精神分析的なオリエンテーションに立つ研究成果も利用するし、行動理論に基づく研究成果からも学ぶ。それらに基づく技法のいくつかを使いもする。こうしたことはきわめて理にかなったことなのである。ロゴセラピーにおいてそうであるように、様々な技法は、人間を人間的な次元に導く一つの心理療法の中へと組み入れられる時、それらの技法の持つ治療的な効果はむしろ高められるのである。

生物学的な次元について語ってきたが、実際、精神学的そして心理学的因子に加えて、身体的な因子も心の病の病因論の中には含まれている。症候学の大半は心因性のもので占められているとしても、少なくとも（神経症よりもむしろ）精神病の病因論においては、身体的な因子に関わる生化学や遺伝がかなりの重要性を持っている。

最後になったけれども決して軽んずべきでないものとして、社会因性（sociogenic）の神経症もまた存在するという事実を銘記しておかなければならない。

この名称は、特に今日の大衆神経症、いわゆる現代をおおう無意味感、むなしさの感情にぴったり当てはまる。患者たちは、もはやアドラーやフロイトの時代のような劣等感や性的な悩みを語りはしない。患者たちが今私たち精神科医のもとを訪れる理由は、むしろむなしさの感情をなんとかしたいということなのである。

つまり今日精神科のクリニックに人々が殺到するその問題とは、実存的な欲求不満の問題、一九五五年から使っている私の言葉で言えば「実存的空虚（existential vacuum）」にある。そしてまた、この言葉こそ使っていないが、症状それ自体の報告ならば、一九四六年にすでに私は公にしている。だから私たちロゴセラピストならこう言うかもしれない。今日のような現象が世界的な規模で広がるはるか以前に、私たちは人々の中で何が起っていたのかについてすでに気づいていたのだと。

アルベール・カミュは、かつてこんなことを言っていた。「真に重大な問題はただ一つ。それは人生がはたして生きるに値するかどうかを判断することである」と。[4] この言葉を、最近一つのレポートをいただいた時に思い起した。そのレポートは私が以前言っていたことの正しさを立証するものであった。つまり今日では、人生の意味を問う実存的な問いや、生きる意味を求める実存的な探求こそ、性的な問題よりもはるかに頻繁に、人々の心を支配しているということである。

ある高校教師が生徒たちに、今どんな問題について考えてみたいか教えてくれるように頼んだ。匿名でも構わないという条件で。生徒たちがあげた問題には、薬物依存と性の問題から、ほかの惑星の生命の問題に至るまで、様々な問題があった。しかし一番多かったテーマは、信じられないかもしれないが、なんと自殺に関するものであった。

しかし、こうした事態の責任を社会に求めるのはなぜなのだろうか。社会因性の神経症を診断することが、本当に正当なものとして認められているのだろうか。

今日の社会について少し考えてみよう。今の社会はほとんどすべての、ありとあらゆる欲求を満たし、また楽しませてくれる。ただ一つ、生きる意味への欲求だけは例外だが。いくつかの欲求に関しては、むしろ社会の側が創り出したものだと言う人もいるかもしれない。それでも、私たちはこの豊かさの真っ只中にいて、この豊かさにもかかわらず、意味への欲求だけはなお満たされないまま残っているのである。

私たちの社会がどれほど豊かであるのかは、物質的な豊かさとして示されるだけではない。余暇の時間という形でも示される。

このこととの関連で、ジェリー・マンデルの言葉は耳を傾けるに値する。マンデルは次のように言う。「テクノロジーは、私たちが持っていた生きるための技能を使ってみたいという欲求を、私たちから奪ってしまった。だからこそ自分自身のために努力しなくても生きていけるように保証してくれる、社会福祉という制度を私たちは発達させた。テクノロジーを駆使すれば、全国民のたった一五％の労働力で実際はすべての人たちの欲求を満たすことも可能になるだろう。しかし、このことが実現した時、私たちは次の二つの問題に直面することになる。一つは、どの一五％が働くのかという問題。そしてもう一つは、残りの八五％の人たちは、自分が不必要な存在になってしまった事実とそれに続く生きる意味の喪失感をどのようにして解決していくのかという問題である。この問題に関して、ロゴセラピーはすでに多くのことを語ってきた。しかし、おそらくロゴセラピーは、二十世紀のアメリカに向けて語ってきたことよりはるかに多くのことを、二十一世紀のアメリカに語っていかなければならないだろう」と。(5)

確かに最近では私たちは、失業という、意図せざる余暇にも対処していかなければならなくなっている。失業は、ある特殊な神経症、（一九三三年に私が名づけた病名で言えば）「失業神経症」を引き起こすかもしれない。しかし改めて失業神経症をもう一度綿密に調べてみてわかったことは、その本当の原因が、自分が「失業している」ということを、自分が「何の役にも立たない存在であり、それゆえに自分の人生は無意味だ」というふうに誤解し、混同していたところにあったということなのである。経済的な補償やあるいは失業問題に対する社会保障制度だけでは十分なものではない。福祉政策だけでは、「人が生きる」ということは実現できない。

典型的な福祉国家オーストリアを見てみよう。オーストリアはその社会保障制度を称賛されるが、失業者の多さを非難されることはない。しかし、ブルーノ・クライスキー首相はインタヴューの中で、オーストリア国民の心理状態を懸念して次のように述べる。「今日最も重要かつ緊急を要する課題は、人生は無意味だという感情に立ち向かっていくことである」と。

人生は無意味だという感情、つまり実存的空虚は、実際には大衆神経症 (mass neurosis) と呼べるほどにまで増えつつあり、広がりつつある。いくつかの専門誌に発表された論文によると、こうした現象は資本主義社会だけに限られた問題ではなく、共産主義国家の中にも、さらには第三世界の国々でも観察されているという(6)。

このことは、病因論と症状についての問いを提起している。病因論について言えば、短くこんなふうに説明してみたい。人間はほかの動物とは違って、衝動や本能が人にどうすべきかを教えてくれるわけではない。また、昔の人とは違って、伝統や伝統的な価値が人にどうすべきかをもはや教えてくれるわけでもない。現代人は、こうした方向を指し示してくれるものが欠けた状態の中にいて、自分が何をしたいのかが、時折分からなくなっているのである。その結果はどうだろう。ほかの人たちがしていることを自分もするという画一主義か、さもなければ、ほかの人が自分に期待することをするという全体主義を生み出しているのではないだろうか。

ジェイムズ・クランボウ、レオナルド・マホリック、エリザベス・ルーカスそしてバーナード・ダンサートらは、ある特定の母集団の中での実存的な欲求不満の程度を実証するためのさまざまなロゴセラピーのテスト（ＰＩＬ、ＳＯＮＧ、あるいはロゴ・テスト）を開発してきた。こうした方法によって、実存的空虚の原因に関する私の仮説を、経験科学的に検証し証明することも可能になってきたのである。

伝統的なものの持つ力が衰えてきたことが、実存的空虚の原因になっているということに関して言えば、ダイアナ・ヤングがカリフォルニア大学に提出した学位論文の中に、それを確証してくれる事実を見ることができる。

ヤングは、いくつかのテストおよび統計学的な研究によって、旧い世代の人たちよりも、若い人たちの中により多く、実存的な空虚感に苦しんでいる人がいるということを明らかにした。伝統の持つ力が衰えていることを最もはっきり主張するのも、その若者たちである。だからこのヤングの研究結果は、伝統的なものの崩壊が、実存的空虚感の広がりを説明してくれる一つの重要な因子だということを示唆している。

またこれは、ワシントンのベルヴューにあるイーストサイド・メンタルヘルスセンターのカロル・マーシャルの次のような言葉とも一致する。マーシャルは言う。「援助を求めてやってくる十代、二十代の人たちに見られる雰囲気を特徴づけているのは、目標が見つからないという感覚である」[7]と。

若い世代について語ろうとすると、アメリカの、ある有名な大学へ招かれて行なった講義のことが思い出されてくる。その時の中心になって動いてくれた学生は、「新人類は狂っているか?」というタイトルで講義することを強く主張してくれていた。まさしく今、こう問うてみる時がきた。「無意味感に苦しむ人たちは本当に神経症なのか? そしてもしそうだとすれば、それはどういう意味においてなのか」と。要するにこれは、「今日私たちが大衆神経症と呼んできたものは、はたして本当に神経症なのか」と問いかけているのである。

これに答えるのは先に延ばして、まず手短かに、実存的空虚の症状論、私が「大衆神経症の三点セット」とでも呼びたい、抑鬱状態と攻撃性と依存症ないし嗜癖《しへき》についてみておきたい。

抑鬱状態とそれに続く自殺に関してはすでに触れた。また攻撃性に関しては、本書の中のスポーツに関する章と人間性心理学に関する章を参照していただくことにして、ここでは三つの症状のうちの第三の側面、依存症ないし嗜癖に焦点をしぼって述べてみたい。抑鬱状態や攻撃性とともに、依存症もまた、少なくともその一部は、無意味感に由来するということを示したいからである。

この仮説を提唱して以来、多くの人が私の仮説を支持してくれた。ベティ・ルー・ペドルフォードはその学位論文を「民族的背景、性差および父親イメージが、薬物への関わりと生きる目的の関係に及ぼす影響」の研究に充てた。(8) 彼女の研究によって集められた四一六人の学生たちのデータからは、薬物に関わりを持った学生たちの中で、弱い父親イメージを持った学生たちと、反対に強い父親イメージを持った学生たちとの間に、有意差を見つけることはできなかった。しかし、薬物への関わりと生きる目的の間には有意な関係が見出された（r ＝－ .23; p＜.001）。すなわち、生きる目的に関して低い得点であった学生たちが示した、薬物関与指数の平均が八・九〇であったのに対し、生きる目的に関して高い得点を示した学生たちの薬物関与指数の平均は四・二五で、そこには有意差が見出されたのである。

ペドルフォード博士はまた、彼女自身の研究のように、私の実存的空虚の仮説にとって有利な文献のレヴューをまとめている。

たとえば、H・ノリスは、なぜ学生たちは薬物にひかれるのかという問いを提起した。しばしば返ってくる理由の一つは、「人生の中に意味を見出したいから」であった。ジャッドらは、「マリファナおよび薬物乱用に関する国民委員会」に代わって、サンディエゴ地区にいる学生四五五人の調査を行なった。その結果によると、マリファナとハルシオンの両方を使っている学生は、使った経験のない学生に較べ、人生の意味が欠落していることに悩み苦しんでいたことが明らかになった。

S・ミリンらによるまた別の研究では、重症の薬物使用は、意味のある経験の探求との間に相関関係があり、同時にそれは目標を達成させようという活動を減少させていた。

L・リンは一九六八年、ミルウォーキーにあるウィスコンシン大学の学部学生七〇〇人の調査に基づいて次のような報告をしている。それによると、マリファナの使用者は、使っていない学生に較べて、人生の意味というものにより多くの関心を向けていたという。

またS・クリップナーらは、「あなたはいろいろなことが無意味に思えるようになってしまったのですか?」と問うてみたところ、すべての人が「そうだ」と答えたという結果を引用しながら、次のような理論を提唱する。すなわち「薬物の使用は、実存的な問題を抱え持った人々にとっての、自分自身で行なう心理療法の一つの形なのかもしれない」と。

さらにまた、G・ショーンとF・フェヒトマンの研究によると、六ヵ月以上継続的にマリファナを吸っていた経験を持つ学生は、吸った経験のない学生に較べて、クランボウのPILテスト〔第2章原注4参照〕の得点は有意に低い数値（$p < .001$）を示したという。

アルコール依存に関しても、これら薬物依存と同様の研究結果が発表されるようになってきている。

たとえば、アンネマリー・フォン・フォルストマイヤーの学位論文によると、二〇人のアルコール依存症の患者のうち一八人が、自分の存在を無意味で存在理由のないものとしてみていることがわかった。(9) それゆえに、ロゴセラピーへの指向を持った技法の方が、ほかの治療形式よりすぐれていたことが証明された。

ジェイムズ・クランボウは、グループ・ロゴセラピーの効果を、アルコール依存症の治療ユニットによって達成された効果およびマラソン・セラピー・プログラムの効果と比較するため、実存的空虚についての測定を行なったが、「統計学的に有意な改善を示したのは、ロゴセラピーだけであった」という。(10)

ロゴセラピーが薬物依存にも同様に役に立つということは、カリフォルニア州ノーコにある麻薬依存リハビリテーション・センターのアルヴィン・フレイザーによって明らかにされている。フレイザーは一九六六年以来、麻薬依存患者の治療にロゴセラピーを用いていた。その結果を彼は次のように言う。「私はこのセンターの歴史始まって以来の、三年連続で成功率の最も高いカウンセラーになりました。ここでいう『成功』とは、麻薬依存の患者が退院して後一年以内に、再入院せずにやれているという意味ですが。私の方法での麻薬依存患者の治療の成功率は、三年連続四〇%でした。それはすでに確立した、定評のある治療方法を用いていたセンターの平均的な成功率が一一%ぐらいだったことを思えば、高い成功率だったのです」と。

言うまでもないことだが、この大衆神経症の三点セットに含まれる実存的空虚の、目には見えない三つの症状のほかにも、また別の症状が起こってくる。それは目に見えないレベルのものから、見えるレベルのものまで様々である。

はたして無意味感という感情それ自体が精神的な病をつくりだすのかという問いに戻ろう。フロイトは確かにかつてボナパルト王女にこんな手紙を書き送っている。「人生の意味、人生の価値について人が問うた瞬間、人は病む」と。

しかし、私が思うに、人生の意味について悩むということは、精神的な病を表しているというより、むしろその人が人間であるということを証明するものなのではないだろうか。人生の意味の探求に関わって神経症になる必要はない。しかし、人が本当の意味で人間になる必要はあるのだ。結局は、私がすでに指摘したように、人が意味を求めていくことは、人間にしか見られない顕著な特質だからである。ほかのどんな動物も、人生に意味が存在するのかどうかを気にかけはしない。たとえそれが、コンラート・ローレンツのハイイロガンであっても。しかし、人間はそれを気にかけるのである。

2 意味への意志

人は常に生きる意味を探し求めている。いつも意味の探求に向かっているのである。アブラハム・マズローが私の論文に対するコメントの中で使った言葉を引用すれば、私が「意味への意志」と呼んだもの(1)こそ、まさに「人間の根源的な関心」なのである。(2)そして今日の社会においてなお満たされておらず、今日の心理学においても無視されているのも、この意味への意志である。

現在の動機理論の人間観は、人間を、刺激に対して「反応する」存在とみるか、あるいは衝動を「解放する」存在とみるか、そのどちらかである。しかし、こうした現在の動機理論の見方とは違って、実際に人がしていることは、「反応」や「解放」というより、むしろ「応答（responding）」なのではないか。つまり、人は、人生がその人に問いかけてくる問いに応答しようとし、それに応答することによって、人生が差し出してくれる意味を満たしているのではないだろうか。

「それは信仰であって、事実ではない」という議論もあるだろう。一九三八年、私は「高層心理学（height psychology）」という新しい言葉を創った。それは、「深層心理学（depth psychology）」と呼ばれている精神分析学的な指向を持った心理学に、取って代わろうとするものではない。深層心理学に欠けている面を補うためのものであった。しかし、それ以来、私には「人間を過大に評価しすぎているのではないか」といった批判や、「人間というものを、あまりにも高く理想化しすぎているのではないか」といった批判が後を断たなかった。

わかりやすくするためによく話す一つの譬《たと》えを、ここでもお話ししてみたい。

航空機の飛行技術の中に「斜め飛行《クラッビング》」と呼ばれるものがある。北からの横風があり、着陸したい空港が真東にあるとしよう。もし私が東に飛べば、目的地にたどりつけない。というのも私の飛行機は南東の方に流されてしまっているからである。目的地に到着するためには、斜めに飛行することによって、流される分を埋め合わさなければならない。この場合なら、飛行機は、着陸したい地点より北に向かって飛ばなければならないのである。

人間の場合にも似たようなことがある。つまり、自分の中の、より高い意欲や目標を含んだ、高いレベルで自分自身を見る経験がない限り、人間もまた、その人が本来持っていたであろうレベルより低い所に落ち着いてしまうのである。

私たちが人間の潜在力を最善の形で引き出そうとするなら、その潜在力の「最善の形」が実際に存在しているということ、そしてそれを現実のものにできるということを、私たちはまず信じなければならない。そうしなければ、私たちは「流されて」しまうだろう。悪くなっていくだろう。なぜなら潜在力には、その「最悪の形」も同様に存在しているからである。

人間の中に潜在する人間性を信じるということは、「人間らしい」人間はいるにもかかわらず、おそらくいつもそうした人たちは少数派でしかないという事実に目をふさぐことであってはならない。「人間らしい」人間が少数派であることは事実かもしれない。しかし、私たちの一人一人が、その少数派の一員になろうと戦っていることもまた事実なのである。状況は悪い。しかし、もし私たちが全力でこの悪い状況を改善しようとしなければ、あらゆることがさらに悪くなっていくことだろう。だから、意味への意志という概念を楽観主義だとみなして排除してしまうのではなく、意味への意志という考え方を、自己充足的予言として――つまり、予言には、予言それ自体が的中するように現実を変化させる力があるものとして受けとめ、もう少しまともに心に思い描くことはできないだろうか。

アナトール・ブロヤードのコメントに「精神分析医のことを俗語で〝縮め屋《シュリンク》〟、つまり人間をそれ以下の小さなものに縮小してしまう人と言うのなら、ロゴセラピストは〝拡げ屋《ストレッチ》〟、つまり人間をそれ以上の偉大なものに拡張する人と言うべきだ」というのがある。(3)

実際、ロゴセラピーは人間という概念を拡張する。高い意欲や目標をも持つものなのだと主張することによって。それだけでなく、意味への意志を力づけ、育てるために、潜在力についての患者の空想的な世界をも拡張するのである。

その上さらに、ロゴセラピーは患者たちに免疫性を与えてもいる。つまり、いくつもの〝縮小《シュリンク》〟を受け容れてしまい、人間性を失わせるような人間観、機械的な人間観に対決し、それらの影響を無効にする力を、ロゴセラピーは患者たちに付与しているのである。要するに、ロゴセラピーは、患者を〝縮小抵抗者〟にするのである。

人間のことをあまり高く評価すべきではないという議論の前提には、人間を高く見積もりすぎることは危険だという考え方がある。しかし、ゲーテも指摘したように、人間を安く見積もりすぎることの方がはるかに危険なのではないだろうか。人、特に若い世代の人たちは、過小評価されることでダメになっていくからである。逆に、もし私が人間の高い目標や意欲、つまり意味への意志のようなものの存在に気づけば、それらを呼び集め、動かすこともできるだろう。

意味への意志は、単なる信仰の問題であるばかりか、一つの事実でもある。この意味への意志という概念は、一九四九年に私が提唱して以来、何人もの研究者たちの、様々なテストや統計学的手法を用いた研究によって、経験科学的に確かめられ、実証されてきた。クランボウとマホリックによって考案されたPILテスト(4)や、ルーカスによるロゴ・テストは、何千もの被験者に実施された。コンピューター処理されたそのデータは、意味への意志が確かに存在するということを示している。

同様に、チェコスロヴァキアのブルノ大学心理学科のクラトチュヴィルとプラノヴァの研究によると、「意味への意志は、何かほかの欲求に置き換えることのできない、本当に独特の欲求である。そしてそれは、程度の差こそあれ、すべての人間が持っているものである」という。

クラトチュヴィルらは続けて次のように言う。「『意味への意志の欲求不満』という考え方に着目すれば、ある種の精神疾患の有無を識別しうることは、神経症や抑鬱状態にある患者たちの事例でも立証されている。事例の中には、意味への意志の欲求不満の有無が、神経症や自殺企図が起こるその始まりの地点で、それらを見分ける病因論的因子として、適切な役割を果たしていた事例もあったのである」と。

全米教育審議会が公表した調査結果も見てみよう。調査対象に選ばれた一七万一五〇九人のうち六八・一％の学生たちの支持した、最も高い人生の目標とは「有意義な人生哲学を作り上げる」ということであった[5]。

もう一つの調査を見てみよう。ジョンズ・ホプキンズ大学が国立精神保健研究所の援助を受けて行なった、四十八の大学、七九四八人の学生を対象にした調査である。その中で、七八％の学生たちは「自分の人生に意味と目的を見出すこと」を人生の第一の目標に挙げていた。一方、「お金を儲けること」を第一の目標として挙げたのは、わずか一六％であった[6]。

同様の調査結果が、ミシガン大学でも確認されている。この調査で、一五三三人の労働者を対象に、仕事のどのような面が重要であるのか、それを順位づけするよう求めた。その結果「収入」は、なんと五番目でしかなかったのである。

ニューヨーク州立大学のジョゼフ・カッツが、最近の世論調査を検討してこう言うのも、驚くにはあたらない。「産業界に入ろうとする人たちのこれからの特徴は、意味のある仕事に関心を寄せるということであろう。決してお金ではない(7)」と。

国立精神衛生研究所が始めた調査研究の話に少し戻ろう。

調査対象に選ばれた学生の七八％は、自分たちの第一の目標を「人生に意味を見出すことだ」と答えていた。この七八％という数字は、たまたまではあるけれど、ポーランドの青年たちの中で、自分の人生の最高の目標を（アメリカの学生たちとはまったく違って）「生活水準を向上させること」と答えていたパーセントとまったく同じであった(8)。

ここではマズローの欲求の階層説が当てはまっているように思える。つまり、まずは生活するための満足水準を達成しなければならない。それが満たされて初めて、（アメリカの学生たちのように）人生の意味や目的を見出すという課題へ向かっていくのであろう。問題は、良い生活を築き上げようとする時、はたして社会経済的な状況を安定したものにするだけで良いのかということである（社会経済的に安定すれば、心理的な安定を得るために精神分析医にかかる余裕もできるのだから、それで良いではないかという人もいるだろうが）。

しかし、私はそう思わない。病気の人が健康になりたいと願っていることは言うまでもない。その人にとって人生の最高の目標は、健康がつくりあげてくれるように思えるだろう。しかし、具体例を取り上げて健康の本当の意味を検討してみても、実際には、健康はある目的実現のための一つの手段あるいは前提条件でしかないのである。

そのような場合、まず最初に要求されるのは、手段の背後にある目的とは何なのかを探求すること、何のための手段なのかを探求することである。そして、この探求にとって適切な方法の一つは、おそらく一種のソクラテス的な対話であろう。

マズローの動機理論は、ここでは不十分となる。というのも、ここで求められているのは、高次の欲求と低次の欲求の区別をすることではなく、今目指しているこの目標が、実は単なる手段にすぎないのか、それとも求めている意味そのものなのかという問いに答えることだからである。

日常生活の中での手段と意味の違いについては、私たちはすでによく知っている。もし知らなければ、スヌーピー漫画のこんなおかしさを理解できないだろう。スヌーピーが「人生は無意味だ。人生は空虚だ」とブツブツ文句を言っている。そこへチャーリー・ブラウンがお碗に山盛りのドッグ・フードを抱えてやってくる。即座にスヌーピーが叫ぶ。

「ああ、意味でいっぱいだ!」

何がおかしいのかと言えば、手段と意味を取り違えているところがおかしいのである。つまり、確かに食物は生きていくための必要条件である。しかし、人生に意味を付与してくれる十分条件、無意味感や空虚感を取り除いてくれる十分条件ではないのである。マズローの、高次の欲求と低次の欲求を区別する考え方に欠けているのは、低次の欲求が〝満たされない〟時こそむしろ、意味への意志といった高次の欲求が差し迫ったものになることがあるにもかかわらず、そのことへの考慮がなされていない点である。

強制収容所で体験した状況を思い起してもらいたい。いや、もっと単純に、死の床についている状況を考えてみてほしい。そうした状況の中では、生きる意味を求める、しかも究極の意味を求める渇望が、いやおうなしに湧き上がってくるのである。このことを否定する人は誰もいない。

テレージエンシュタットの町のゲットーで起きたことは、少し分かりにくいかもしれない。およそ一〇〇〇人の若者が、翌日の朝、移送され、強制収容所へ連れていかれることになっていた。その朝になって、前の晩のうちに、ゲットーの図書館に泥棒が入っていたことがわかった。アウシュヴィッツの強制収容所で殺される運命にあったゲットーの若者たち一人一人が、自分の大好きな詩人、小説家、科学者の書いた本を二冊ずつ取ってきて、自分のリュックサックの中に忍ばせていたのであった。

この話を聞いて、「ブレヒトが『三文オペラ』の中で〝まずは食い物だ。モラルなんてその後さ〟って言ってるのはまったくその通りだね」などと私を説得したくなる人が、はたしているだろうか。

それでも、すでにみてきたように、苦難だけでなく豊かさもまた、人間が意味を探求し始める、その引き金になりうる。そればかりか場合によっては、豊かさが、その人の意味への意志の欲求不満を引き起こしている可能性もあるのである。

この考え方は、豊かさ一般に当てはまる。とりわけ余暇という形の豊かさにはうまく当てはまる。低次の欲求の満足も欲求不満もどちらも、人間に意味の探求を促す。つまり意味への欲求は、ほかの諸々の欲求から独立したものなのである。だから、意味への欲求をほかの欲求に還元することはできないし、ほかの欲求から意味への欲求を導き出すこともできないのである。

意味への意志は、人間の人間らしさをまさに表わしているというだけでなく、シオドア・コッチェンによって確かめられたように、精神的健康についての信頼性の高い、一つの基準でもある。

この仮説は、ジェイムズ・クランボウ、シスター・メアリー・ラファエル、レイモンド・シュレーダーらによっても支持されている。彼らの測定した意味への意志の得点が最も高かったのは、興味を持ってことにあたり成功した専門家や実業家たちであった。反対に、意味や目標の欠落は、エリザベス・ルーカスの実証研究が明らかにしたところによれば、情緒的な不適応を表しているという。アルバート・アインシュタインの言葉を引用すれば、「自分の人生を無意味なものと考える人は、単に不幸なだけでなく、生きていくことさえ難しい」ということになる。つまり意味への意志は、成功や幸せにかかわる事柄であるばかりか、人の生存にかかわってくる事柄なのである。

現代の心理学用語で言えば、意味への意志は「生き残る価値（survival value）」を持った概念なのである。このことは、私がアウシュヴィッツとダハウで過ごした三年間の体験の中で学んだ、まさに教訓であった。つまり、ほかの事情が同じならば、強制収容所を生き残る可能性の最も高かった人は、未来に向かって生きることのできた人たちであった。それは、いつの日か、この私が帰ってくるのを待っているであろう、達成すべき課題や出会うべき人に向かって生きることのできた人たちであり、いつの日かこの私自身によって満たされるべき意味に向かって生きることのできた人たちなのであった[9]。

まったく同じ結論が、その後に出版された強制収容所に関する本の著者らによっても得られている。また、日本や北朝鮮、そして北ベトナム人の捕虜収容所に関する精神医学的調査からも、同じ結論が得られている。かつて三人のアメリカ人の将校が、私の学生として学んでいたことがある。彼らは七年ほどの間、北ベトナム人捕虜の収容所に勤務していた。そして彼らもまた、自分を待っていてくれる何かあるいは誰かの存在を感じられる捕虜たちが、生き残ることのできた捕虜であったことを見てきていた。

こうした先人たちが残してくれた遺産、そのメッセージとは、つまり、生き残れるかどうかは、この苦しみ、この人生が「何のためのものか」という方向性、あるいは「誰のためなのか」という方向性を持っているかどうかにかかっているということである。

私が一九四九年からロゴセラピーに導入した言葉で言えば、実存は「自己超越性」に依存しているということである。「自己超越性」という言葉は、人間であるということが常に、自分自身とは別の何か、自分自身とは違う誰かに向かって存在することだという、根源的な人間学的事実を意味している。つまり、満たされるべき意味、出会うはずのもう一人の人間、自分自身を差し出すべき理由、あるいは愛する人に向かって生きて初めて、人は人間として生きられるということである。

人間存在のこの自己超越性を人が生きぬくその限りにおいて、人は本当の意味で人間になり、本当の自分になる。そして人がそのようになるのは、自分自身を自己の実現に関与させることによってではなく、むしろ逆に自分自身を忘れること、自分自身を与えること、自分自身を見つめないこと、自分自身の外側に心を集中させることによってなのである。

私の好きな譬《たと》え話なのだが、ちょっと眼を思い起していただきたい。鏡を見ている時を除けば、眼は、眼それ自体を見ることはできない。白内障を患った眼なら、雲のような何かが見えるかもしれないが、まさにそれが白内障という病気なのである。また、緑内障を患った眼なら、灯りのまわりに虹のような光が見えることがある。健康な眼なら、眼それ自体の中に何かを見ることはない。眼はまさに自己超越的なのである。

自己実現と呼ばれているものも、自己超越によってもたらされる意図せざる効果であり、意図せざる効果のままに留まっていなければならない。自己実現を意図的な目標にしてしまうことは破壊的であると同時に自滅的である。

自己実現について言えることはまた、アイデンティティや幸せの場合にも当てはまる。

つまり、幸せになるのを邪魔しているのは、まさに「幸せを追求すること」それ自体なのである。幸せを目指せば目指すほど、私たちは幸せをつかみそこなう。

このことは、幸せというものが、性的な幸せ、性的な心地よさを追求することになってしまう時、特にわかりやすい。性的な幸せの追求の結果が、性的ノイローゼなのである。男性患者が、自分の性的能力を示そうと願えば願うほど、ますます失敗する運命にあるのは確かである。同様に、女性患者がオーガズムを感じることができると自分自身に言い聞かせれば言い聞かせるほど、彼女は不感症に終わってしまうのである。

キャロリン・ウッド・シェリフによって報告された有名な実験では、集団的な攻撃性が若者たちの集団に作り出された。しかし、その若者たちも、ぬかるみにはまり込んだ車を引き出すという共通の課題のもとにいったん団結してしまうと、先ほどまでの攻撃性はすっかり〝忘れて〟しまっていた。攻撃性より意味への意志の方が優勢になったのだと言えるかもしれない。平和研究も、攻撃的な潜在力といった使い古された言葉の焼き直し、作り変えに終始するよりもむしろ、意味への意志に照準を合わせるべきである。そしてまた、一人一人の人間に当てはまるものは、すべての人間にも等しく当てはまるのだということを考慮すべきであろう。

人間性も、それが生き残っていけるかどうかは、人間が意味という共通基盤にたどり着くことができるかどうかにかかっているのではないだろうか。それは、人々が、様々な国の人々が、共通の意味を見出し、共通の意味へ向かう共通の意志のもとに、力を合わせることができるかどうかにかかっているのではないだろうか。

その答えが私にあるわけではない。私は自分の投げ掛けた問いが、正しい問いであったことがわかるだけで満足するだろう。それでも、結局は、様々な国の人々がある共通の課題に直面し、その課題をみずからの問題として力を合わせるところにしか、地球という惑星が生き残る希望は存在しないように思える。

今のところ、「私たちは今その途上にいる」とだけしか言えまい。しかし、人々の意味への探求は、明らかに世界的な規模で広がる現象である。そしてそれを私たちの世代はまさに自分の目で目撃しているのである。世界中、至る所で見られるこの意味への探求はさらに、共通の目標、共通の目的を探求する糸口になっていくのかもしれない。

3 生きる意味

人間には意味への意志がある。しかし、目指すべきその意味そのものが、はたして生きることの中に存在しているのだろうか。

これまではロゴセラピーの動機理論の側面に注目してきたが、ここでロゴセラピーの説く意味の理論、つまり「ロゴ・セオリー（Logo-theory）」へと話題を変えてみよう。そこでまず、自分自身にこう問いかけるところから始めたい。「ロゴセラピストが意味を告げることなどできるのだろうか」と。

私ならこう答える。「ロゴセラピストがまず第一に注意しておくべきこと、それは生きる意味を奪っていくことなどできないということである。なぜこんなことをわざわざ注意しなければならないのかと言えば、還元主義のやっているのが、まさにこの意味を奪うということだからである」と。この後の章でも、私のほかの本と同様、その例を数多く挙げたいと思うが、ここでは私が十三歳の時に起きた出来事をお話ししてみたい。

かつて私の理科の教師が、教室の中を行き来しながら、そのクラスでこんなことを教えた。「結局、生きることは燃焼の過程、つまり酸化の過程にすぎない」と。私は飛び上がった。そして当時の習慣通り、質問の許可などなしに、こう尋ねた。「だとすれば、生きることにどんな意味があるんでしょうか」。もちろんその教師は答えることができなかった。彼は還元主義者だったからである。

問題は、生きることの無意味さに絶望している人々を、いかにして援助するかということである。本書の冒頭で私は、諸々の価値が消えつつあると述べた。価値というものは伝統として伝えられていくものであり、その伝統が今衰退の最中にあるからであった。

しかしたとえそうだとしても、それでもなお意味を見出すことは可能だと私は思う。なぜなら、現実というものが常に、一般化できない特有の具体的状況の形をとって現われるからである。つまり、生きる状況のどれもが、すべてユニークな、唯一無二のものであるならば、その状況が持つ意味というものもまた、ユニークなものであるに違いないからである。意味はそのつどユニークな、唯一無二のものである。したがって、意味が伝統として伝えられ受け継がれることなどありえない。伝統の衰退の影響を受けるのは、意味ではなく諸々の価値、つまり普遍化された意味と定義されるものだけである。意味は、その影響を受けない。

本能は遺伝子によって次の世代に伝えられ、諸々の価値は伝統という形で次の世代に伝えられる。しかし、意味はそれぞれユニークなものであり、それは一人ひとりの個人的な発見にかかわる事柄である。つまり意味は自分自身で探求し、自分自身で見つけていかなければならないものなのである。だから、たとえすべての普遍的な価値が完全に失われたとしても、ユニークな意味を探求し発見していくことは可能なのだ。簡単に表現すれば、価値は死んでも、意味は長く生き続けるということである。

では、この意味の発見は、実際にはどのようにしてなされるのだろう。ジェイムズ・クランボウの言葉を借りれば、意味を発見するという営みは、すなわちゲシュタルトを知覚する過程だということになる。

しかし私自身は、彼とは少し違った見方をするようになってきている。伝統的な意味で「ゲシュタルトの知覚」というと、なんらかの「地」を背景にして「図」を知覚するという感じである。一方、意味の発見の場合は、現実の中に埋もれている可能性を知覚するという感じである。現実の中に埋もれている可能性を知覚するとは、もう少し具体的に言うと、自分たちの直面している状況に関して、必要とあらばその現実を変えていくために、自分のなしうるものは何かを発見する、ということである。

どの状況もユニークである。したがってどの状況にも、必然的にユニークな意味がまた存在していることになる。さらに続けて、状況がその時だけのものである以上、「ある状況に関して自分になしうることは何かという、その可能性」もまたユニークなものだと言えるだろう。

何かをするという可能性には、「機が熟する」という特質がある。つまり、ある状況に備わってはいるが、まだ形になって現われてはいないその意味を満たす機会を、もし私たちが摑みそこねれば、その機会は失われ、永久の彼方へと通り過ぎていってしまうのである。

それでも、「その時だけのはかないもの」とか「その時限りの一時的なもの」とは、単にその可能性、つまり現実に何かをする機会がそうだというのであって、可能性を実現した結果まで「その時限りのはかないもの」だと言っているのではない。ある状況が私たちに提供してくれた可能性を、いったん現実のものにしてしまえば、そしてまたその状況が持っていた意味を、私たちが満たしてしまいさえすれば、ただの可能性にしかすぎなかったものを、私たちは一つの揺るぎない現実に転換することができるのである。かつて私たちはそのようにしていたし、これからもまたそうしていくのである。永遠に。だから、その時だけのはかないものであることを理由に侮辱されるいわれは、もはやない。

私たちは、いわばその時限りのその瞬間の可能性を、過去の現実に変えることで救うことができるのである。過去へと無事引き渡し、過去の中にそっと根をおろしたものを、私たちから奪うことはできないからである。誰であろうとも。そしてまた何があろうとも。過去の中では、償いようのない形で、あるいは取り戻せないような形で、消えてなくなるものなど何もない。すべては永久に保存される。

普通は、確かに人々は、「その時だけのもの」を刈り取ってしまった後の田畑の方だけを見ている。人生の収穫期に刈り取られた、作物でいっぱいになっている穀倉の方を見てはいない。積み上げてきた行為の数々、創り出してきた成果の数々、愛された愛の数々、勇気をもって乗り越えてきた苦しみの数々……そうした「作物」を見てはいないのである。この意味で、ヨブ記の中で次のように言われていたものが理解できる。「あたかも麦の穂が、時が来て実るように、あなたは高齢に達して墓に入る」〔七の二六〕と。

意味とはユニークなものである。だから絶えず変化し続けるが、決してなくなってしまうことはない。意味のない人生など存在しないのである。

こうした言い方はおそらく、仕事や愛を超えたところにも意味は存在するということを理解している人にとっては、非常にわかりやすいはずである。確かに私たちは、何かを創り出したり、何かをしたり、何かを体験したり、誰かと出会ったりといったことを通して意味を発見することに慣れてしまっている。しかし決して忘れてはならないのは、希望のない状況にたとえその犠牲者として向き合おうが、また変えようのない運命に直面しようが、そんな人生の中にも、人は意味を見出す、ということである。

ここで一番大切なことは、ユニークな人間の可能性の最高の形を見つめ、その証人になることであり、悲劇をその人にとっての偉大な勝利に変えることであり、苦境を人間的な偉業に変えていくことである。もはや自分の力で状況を変えることができない、たとえば治らない病気や手術できない癌は、私たちに「自分自身の在り方を変えなさい」と迫る挑戦状なのである。

イスラエルの彫刻家ユーダ・ベイコンの本当に美しい言葉が、このことの大切さをはっきりと悟らせてくれる。ベイコンは幼い頃、アウシュヴィッツの強制収容所に入れられていた。そして戦争が終わって次のような言葉を書き残している。「子どもの時に見たことを、僕はみんなに言おうと思った。みんながよりよく変わっていくように。そんな願いを込めて……。しかしみんなは変わらなかった。知りたいと思ってさえくれなかった。苦しみというものの意味を僕が本当に理解したのはずっと後になってからだった。ずっと後になってやっとわかったんだ、苦しみが自分をよりよい自分に変えてくれるのなら、苦しみにだって一つの意味があるってことが」。ベイコンは最後に苦しみの意味を知る。彼は彼自身を変えたのだった。

自分自身を変えることは、しばしば、自分自身を乗り越えることを意味する。自分自身を超えて成長することを意味する。このことを教えてくれるという点で、トルストイの小説『イワン・イリッチの死』〔岩波文庫〕にまさるものはないだろう。[1] そして、もう一冊見てもらいたいのは、最近出版されたばかりのエリザベス・キュブラー=ロスの『死――成長の最終段階』〔『続・死ぬ瞬間』読売新聞社〕という本である。このタイトルが、ここでの話にとってはとても重要な意味を持っている。

私が伝えたかったのは、「人生は豊かな意味で満たされている、しかも無条件に」という人生の秘密についてである。こんなことが言えるのも、人生に意味を見出す第三の可能性、つまり苦しみや死の中にさえ、意味を見出す可能性があるからにほかならない。

こうした観点から見れば、「無条件に存在する意味への無条件の信頼、これこそフランクルのメッセージである」という、『アメリカ精神医学雑誌』の言葉は、まさに適切な表現である。

しかし、本当は「信頼」以上のものが私にはあると思っている。「人生には無条件に意味がある」という私の確信は、確かに一つの直感として生まれた。小さな驚きとして生まれた。当時私は高等学校の生徒だった。しかしその時以来、厳密な経験科学的な土俵の上に立ってみても、やはり同じ結論にたどりついたのである。たとえば次のような研究者たちの名前を挙げておこう。ブラウン、カシアーニ、クランボウ、ダンサート、デュークラク、クラトチュヴィル、ルーカス、ランスフォード、メイソン、マイアー、マーフィー、プラノーヴァ、ポピエルスキー、リッチモンド、ロバーツ、ルッチ、サリー、スミス、ヤーネル、そしてヤング。こうした人たちは、テストや統計学的手法を用いて、人生の意味は、実際にすべてのどんな人でも手に入れられるものだということを実証してくれた。それはたとえば、性、年齢、ＩＱ、受けた教育、環境、性格構造、あるいは最後に挙げたけれども重要なものとして、その人が信仰心の厚い人かどうか、そして信仰を持っていた場合どんな宗教を信じているのか、といったことに関わりなく、すべての人に当てはまるものだったのである。

これらの研究は何も、様々な条件の持つ影響がないと言っているのではない。人生に意味を見出したり、ある状況の持つ意味を満たしたりする時、それをより容易なものにしてくれるか、逆により難しくしてしまうかというその大変さの度合いは、条件によって異なっている。その事実は変わるものではない。

考えてみていただきたい。世の中には様々な社会があり、意味を満たすのを促進したり抑えつけたり、その度合いは様々である。にもかかわらず、原理的には、どのような条件のもとであれ、考えられる限りの最悪の条件においてさえ、意味を手に入れることはできるという事実に変わりはないのである。

確かに、ロゴセラピストといえども患者に、その意味がいったい何であるのかを告げることはできない。しかし、少なくともロゴセラピストなら示すことはできるだろう……人生には意味が存在するのだということを。その人生の意味はすべての人に開かれているということを。そしてさらにはどんな条件のもとであれ、人生の意味は存在するのだということを。人生は、文字通り、最後の瞬間まで、最後の一息まで、意味で満たされているのである。

私が提唱した三つの意味の可能性についての理論は、一つのヒエラルヒー、つまり階層構造の形をとっている。そして、注目に値するのは、意味もその意味の階層構造もどちらも、エリザベス・S・ルーカスによって、経験科学的に実証されたという点である。

ルーカスのこの研究では、様々なテストや統計から得られたデータが因子分析にかけられた。この因子分析は私の仮説を支持する証拠を浮かび上がらせてくれた。つまり、私の仮説通りに、苦しみの中にあるにもかかわらず、その苦しみを通して見出された意味は、仕事や愛の中に見出される意味とはまったく別の次元に属していたのである。因子分析の用語で言えば、互いに直交する座標軸の上に位置づけられるものであった。

人間は普段、ホモ・サピエンス、つまりどうすればいいかという方法を知った、知恵ある人として見られている。成功するにはどうすればいいか、ビジネスマンとして成功するにはどうすればいいか、もてる男になるにはどうすればいいか、金持ちになるにはどうすればいいか、愛し合うにはどうすればいいのか等々、ホモ・サピエンスはそんなことを知っている賢い人。ホモ・サピエンスは成功と失敗を両極とする座標軸の上を動いている。

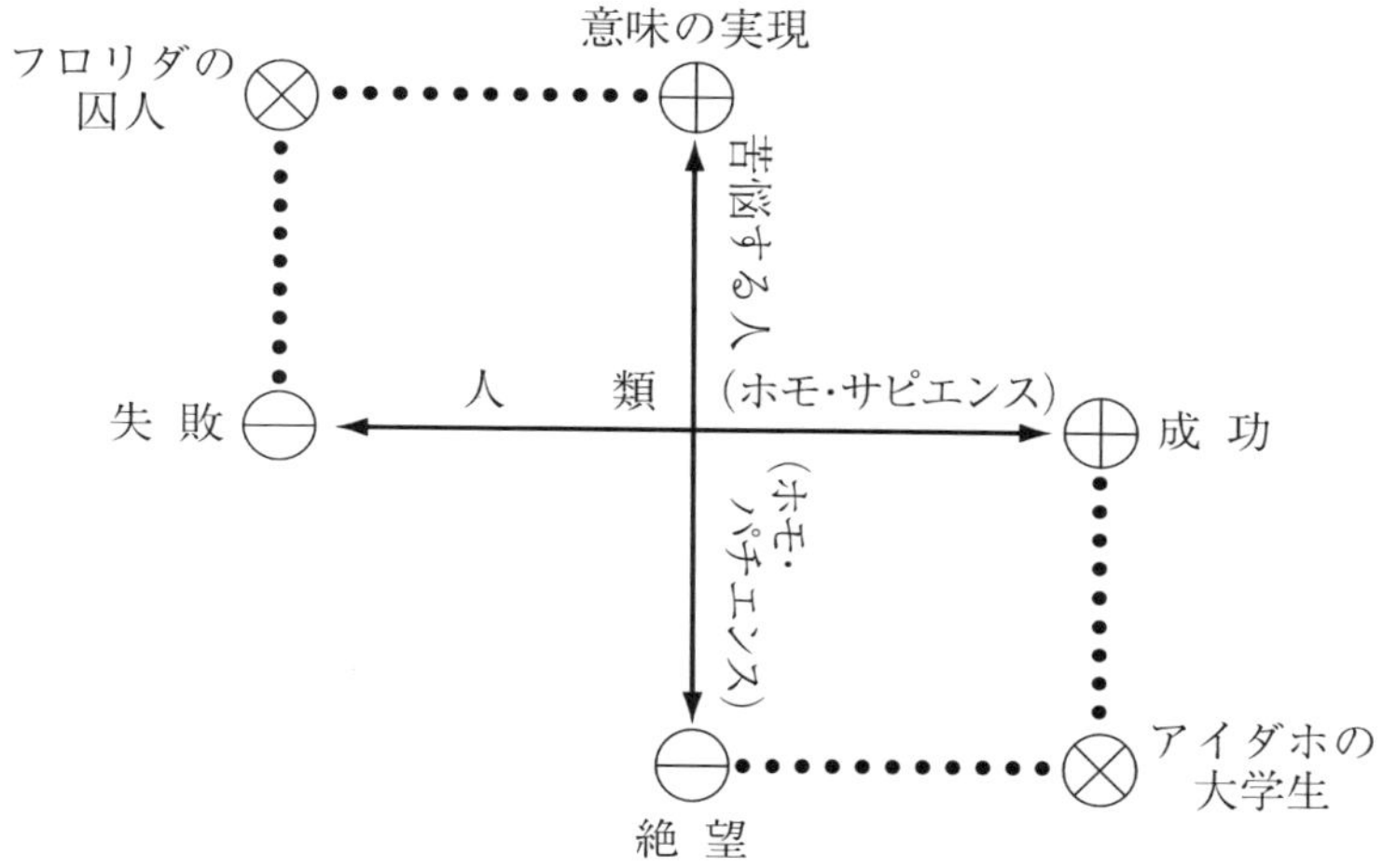

それに対して、私がホモ・パチエンス(Homo patiens) と呼んだ「苦悩する人」は少し違っている。[2] 苦悩する人は、苦しむ術《すべ》を知る人、自分の苦しみからさえも、人間的な偉業を創りあげる手立てを知っている人である。ホモ・パチエンスは、ホモ・サピエンスが歩む成功／失敗の軸と直交する座標軸、すなわち、意味の実現と絶望を両極とする座標軸の上を動くのである。

「意味の実現」という言葉で言おうとしているのは、意味を満たすことによって自己を実現させるということであり、「絶望」とは、自分の人生が明らかに無意味だということへの絶望感といったニュアンスの言葉として使っている。

ここには二つの異なる次元のものが含まれている。[3] このことを認識できた時に初めて、一方では、たとえばアイダホの大学生が豊かな生活を送っておりながら自殺を試みたように、成功しているにもかかわらず絶望の淵に立っている人がおり、また一方では、失敗しているにもかかわらず、その苦しみの中にさえ意味を見出すことによって、達成感や幸福感さえ感じている人に出会う理由が理解できるのである。第1章の冒頭で引用した二通の手紙を思い出していただければいいだろう。

最後に、私がいただいたもう二通の手紙を引用したい。一通は、アメリカの州立刑務所にいた囚人ナンバー〇二〇六四〇、フランク・Eさんからいただいた手紙である。フランクさんはこう言っている。「私は、こんな刑務所の中にいるにもかかわらず、私の存在の本当の意味を見つけました。生きる目的を見つけたのです。だから、ここを出た今度こそ、よりよい生き方をするチャンスや、もっといろんなことをするチャンスはすぐそこにきているように思えるのです」と。

もう一通は、囚人ナンバー五五二〇二二の人からのものである。

「拝啓　フランクル先生。ここ数ヵ月間、受刑者のグループで、先生の本やテープを読んだり聞いたりしてまいりました。確かに、私たちにこそ経験する資格を与えられている最も大きな意味の一つは、苦しむということでした。私はまさに今、生き始めたのです。そしてそれは何とも素晴らしいことだったのです。私のグループの仲間たちの流す涙が、絶えず私を謙虚な気持ちにしてくれています。その涙は、今までそんなことできるわけがないと思っていた意味の実現、それが、自分たちの手によって今まさにここで生まれつつあるのだということに気づいた時、自然に流れてくる涙なのです。変化は本当に奇跡のようです。これまで希望もなく、どうすることもできなかった人生が、今意味を得たのです。ここフロリダ最高公安刑務所の、電気椅子から五〇〇ヤードの所で、私たちは私たちの夢を現実のものにしつつあるのです。そろそろ降誕祭《クリスマス》です。しかし、私にとってロゴセラピーは復活祭《イースター》なのです。私たちにとっての復活の日の出は、アウシュヴィッツというゴルゴタの丘からやってきたのです。アウシュヴィッツの有刺鉄線と煙突から昇る朝日……私にも新しい一日が待ち構えているに違いありません。敬具。グレッグ・Bより」

この手紙を下さったグレッグさんに感謝したい。私はこの手紙のことをいつまでも心に

留めておこうと思う。これはただの手紙ではないからだ。これは人間らしいということが
どういうことであるかを教えてくれる一つの記録なのである。

4 決定論とヒューマニズム——汎決定論批判

解決できないままの哲学的な問題が二つある。一つは、いわゆる心身論の問題。もう一つは、選択の自由の問題——別の言い方をすれば、決定論対非決定論——である。この問題を解決することはできない。しかし、少なくとも、この問題がなぜ解決できないかというその理由を明らかにすることはできる。

人間を「多様であるにもかかわらず統一されているもの」と定義することはできるだろう。心身論の問題とは、どのようにすればこの「多様であるにもかかわらず統一されている」という、矛盾に満ちた考えを説得力あるものにすることができるかという問題である。

人間が多様な側面を持っていること、それを否定する人は誰もいないだろう。コンラート・ローレンツは次のように言う。「生理学的なものと心理学的なものという、同じ基準では測れない大きな二つのものを分ける壁を飛び越えることはできない。科学的な研究を精神物理学の領域に広げても、心身論の問題の解決にはつながらない(1)」と。

将来、研究が進めばこの問題は解決されるだろうか。ヴェルナー・ハイゼンベルクは悲観的に次のように言う。「身体の動きとその心理過程の関係を直接理解する方法を期待するのは難しい。というのも、厳密な科学の中でさえ、その現実の姿全体を直接研究することはできず、いくつかの別々のレベルに現実を解体してしまわざるをえないからである」。

実際、私たちは科学においては多元論とでも呼べる時代を生きている。そして一つ一つの個別科学は、相互に矛盾する様々な方法で現実を描き出している。しかし、私が言いたいのは、「その矛盾は、現実という統一体と矛盾してはいない」ということである。このことは人間の場合にもまた当てはまる。

それぞれの科学は、いわゆる現実のほんの一断面を切り取っているにすぎない。このことを思い起していただくために、ここで幾何学のたとえを見てみたい。

同じ円柱から、一つは水平に切った断面図を、また一つは垂直に切った断面図を書いてみる。すると水平方向の断面図は円になるが、垂直方向の断面図は長方形になる。相互に

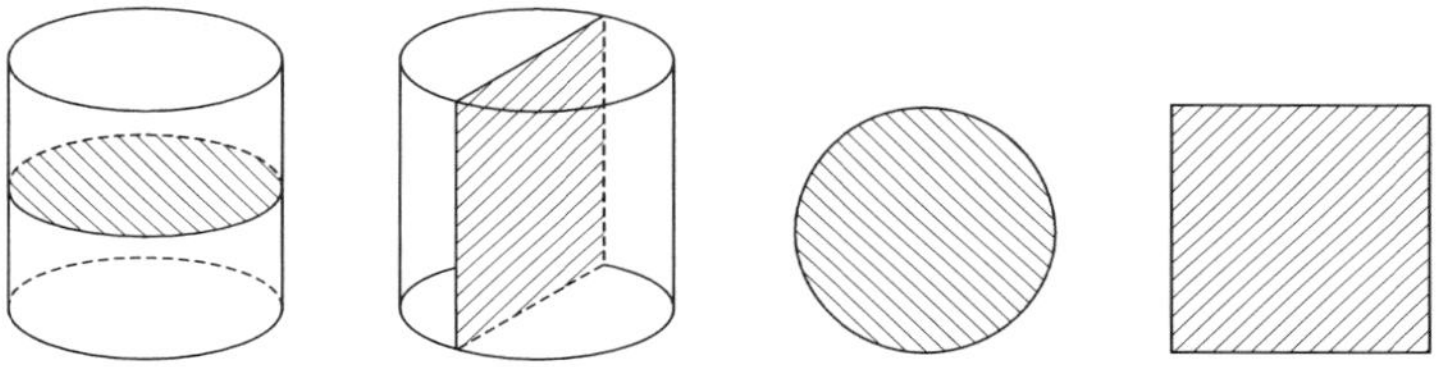

矛盾するものが描き出されてしまうのである。円と長方形、そこには埋めようのない溝が存在している。
　同様に、現実の人間の身体的な側面と心理的な側面の間にある溝を埋めることに成功した人は、今までのところ、誰もいない。敢えて言えば、そんなことができる人なんて誰もいないのだ。なぜなら、どんな断面図を取ってこようが、二次元空間の範囲内で考えている限り、ニコラス・クザーヌスの言う〝コインシデンチア・オポジトルム〟――つまり相反するものが同じ空間を占めることは不可能だからである。それを可能にするためには、もう一つ高い次元の中で考えてみる必要があるのである。
　このことは人間の場合も同じである。生物学的なレベルに関しては、生物学という平面に、人間の身体的な側面が照らし出される。心理的なレベルに関しては、心理学という平面に、その心理的な側面が照らし出される。二つの科学的なアプローチによって映し出された二つの平面を見ている限りでは、人間の多様性は見えてくるが、

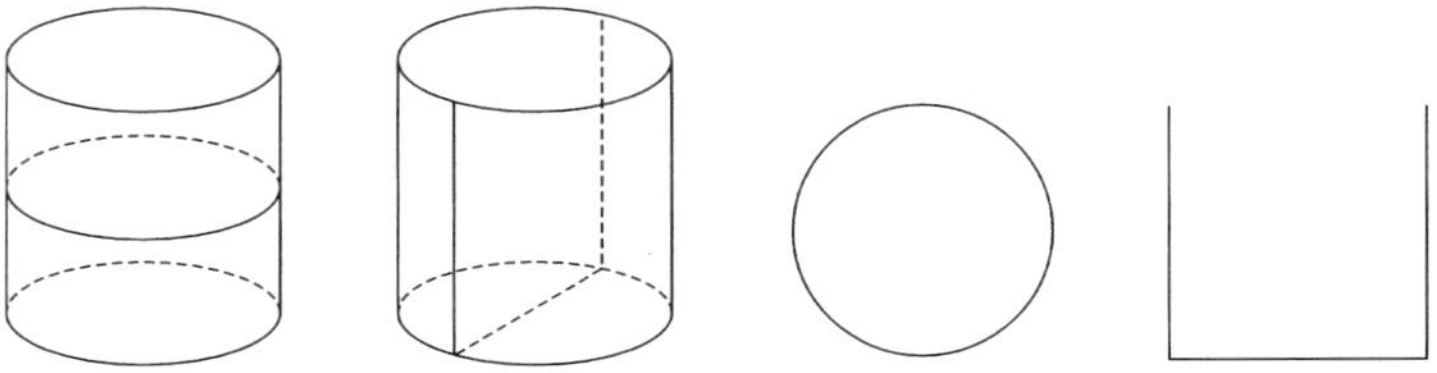

人間の統一性は見えなくなってしまう。この統一性は、人間的な次元の中でしか、手に入れられないものだからである。トマス・アクィナスによる人間の定義〝ウニタス・ムルティプレックス〟、つまり多様性における統一性は、人間的な次元の中にのみ存在しているのである。この統一性とは、多様性の〝中に存在する〟統一性ではなく、むしろ多様性〝にもかかわらず存在する〟統一性である。

人間の統一性（oneness）に当てはまるものはまた、人間の開放性にも当てはまる。

円柱の例に戻って、その円柱が中の詰まった固体ではなく、上が開いたうつわ、つまりコップのような場合を想像してもらいたい。この場合、断面図はどうなるだろう。

水平方向の断面図は、この場合も閉じた円になるが、一方垂直方向の平面には、上が開いた図として描かれる。しかし、二つの図が単なる断面図だということさえわかれば、一方では閉じられた図でありながら、他方では開かれた図になるということが、何の矛盾もなく両立することがわかるはずである。

このたとえの幾分かは、人間にも当てはまる。人間も、時折、あたかも因果関係の繋がりの中に閉じ込められた閉鎖系であるかのように描かれることがある。たとえば条件反射や無条件反射といった因果関係は閉鎖系の代表である。

それに対して、マックス・シェーラー、アルノルト・ゲーレン、アドルフ・ポルトマンらは、人間であるということを、世界に向かって開かれた存在として特徴づけた。あるいはまたハイデッガーは人間であることを、「世界内存在」という言葉で特徴づけた。

私の言う「実存の自己超越性」という言葉も、満たすべき意味や出会うべき人といった、自分自身とは違う何か、自分自身とは別の誰かに関わることこそ、人間の根源的な事実であるということを表現するためのものである。そしてこの自己超越性という特質を人が生き抜かない限り、実存することはできなくなるのである。

実存の持つ自己超越的な特質、開かれた存在としての人間の側面が、一つの断面には表現されていながら、別の断面には現われてこないということも理解できると思う。閉鎖系と開放系は矛盾なく両立できるのである。

同じことが、自由と決定論の間にも当てはまる。心理的な次元に存在する決定論。一方、精神学的次元、つまり人間的な次元、人間的な現象の次元に存在する自由。心身論の問題に関していえば、「多様性にもかかわらず存在する統一性」という言葉で決着させた。自由な選択という問題に関していえば、「決定論であるにもかかわらず存在する自由（freedom in spite of determinism）」という言葉で決着をつけたいと思っている。これは、かつてニコライ・ハルトマンが使った「依存しているにもかかわらず存在する自律（autonomy in spite of dependency）」という言葉に相当する言葉である。

自由は人間的な現象である。しかし無限定な自由は、あまりに人間的すぎる。人間的な自由とは、むしろ制限を持った自由である。人間は様々な諸条件からまったく自由だというのではない。人間の自由とは、それらの条件に対して、ある立場を取るという自由である。諸々の条件がそのまま人間を条件づけているのではないということである。限界はあるにせよ、その条件に屈伏し、その条件に身を委ねるかどうかについては、その人の責任の余地が残されている。人間はその条件を乗り越えていくことができる。そしてそうすることによって、人間的な次元を切り開き、人間の次元に入っていくことができるのである。

前にも言ったように、神経学と精神医学の二つの分野の教授としての私には、人間が生物学的、心理学的、社会学的な条件に、どれだけ支配された存在であるかがはっきりわかっている。しかし私には、教授としての私のほかに、四つの強制収容所を生き残ってきた生き残りとしての私がいる。その私は、様々な条件に支配されるどころか、考えられる限り最悪の条件にすら戦いを挑み、勇敢に立ち向かうという、思いもよらなかった人間の姿を目撃してきたのである。

かつてフロイトはこう言った。「たくさんのいろんな人たちをみんな同じような飢えにさらしてみればどうなるだろうか。その飢えが我慢の限界を越えて強くなるにつれて、一人ひとりの違いは不鮮明になり、それに代わって満たされない飢えを表現する一つの同じ行動だけが現われてくるだろう」と。

しかし強制収容所では、この逆こそが真理であった。人々はますます、その多様さを際立たせていったのである。獣性が正体を現わし、そして同時に聖なるものも姿を現わしてきた。飢えていたことではみんな同じであったが、人々は一人ひとりみんな違っていた。実際、カロリーは重要ではなかったのである。

結局、人間はその人の直面している条件に支配されてなどいない。むしろ逆に、その条件の方こそ、人間の決断いかんに支配されているのである。意識するしないに関わりなく、人間は決断を下している。勇敢に立ち向かうか、それとも屈するのか。条件によって決定されるがままの自分にしておくか否かを。

もちろん、そういう決断自体、すでに決定されたものではないかという理由で反論することもできるだろう。しかし、この論法では無限後退に陥り、終結に至らないことは明らかである。マグダ・B・アーノルドの言葉は、こうした事態をうまく要約してくれると共に、適切な一つの結論としても役立つだろう。アーノルドは次のように言う。「あらゆる選択は何かによって引き起こされたものである。しかしそれは、選択した人自身によって引き起こされたものである(2)」と。

学際的な研究は、一つの断面図以上のものを含んでいる。学際的な研究は、一面的であることを嫌うのである。そんな学際的な研究というのは、自由な選択の問題に関して言えば、一方で現実の人間が持つ決定論的、機械論的側面を否定してはいけないと言いながら、他方では、決定論的、機械論的側面を乗り越える人間の自由も否定してはいけないと言うのである。

しかし、決定論はこの「乗り越える自由」を否定してはいない。否定しているのは、決定論ではなく、むしろ私の言い方で言えば、汎決定論 (pan-determinism) である。つまり、真の対立は、決定論対非決定論ではなく、決定論対汎決定論なのである。

フロイトについて言えば、彼は理論において汎決定論を信奉していただけであって、臨床実践におけるフロイトは違っていた。臨床実践においては、人間が変化していく自由や良くなっていく自由のことを、彼は十分に心得ていた。その証拠に、フロイトは精神分析の目標を、かつてこんなふうに表現していた。「精神分析の目標は、患者の自我に、あれかこれかを選択する自由を与えることにあるのだ(3)」と。

この人間の自由が暗に意味しているのは、人間は自分自身から自分を引き離すことができる、そうした能力を持っているということである。私はこの能力のことを、こんな物語で例証してみたい。

第一次世界大戦の時のことである。ひどい爆撃が始まったので、一人のユダヤ人の軍医が、ユダヤ人ではない彼の友だち、貴族出身の大佐と、たこつぼのような塹壕の中で並んで座っていた。からかうようにその大佐は言った。「怖いんだろう、君は。それこそ、アーリア人がユダヤ人より優れているという証拠さ」。軍医は応える。「そう。僕は怖い。しかし、どっちが優れているんだろう。怖いにもかかわらずここにいる僕と、怖さを感じないからここにいられる君。親愛なるわが大佐殿、もし君が僕と同じくらい怖がっているなら、君ならとっくの昔に逃げ出していってたはずだ」。

考えてみるべきは、人が不安や恐怖を感じているかどうかではなく、不安や恐怖に向き合った時に取るその人の態度の方である。この態度は、人が自由に選べるものなのである。心理的な構成に対してある態度をとる自由は、心の病理的な面にまでその範囲は及んでいる。私たち精神科医は、妄想に対する反応が病的としか言えないような患者に出会うこともしばしばある。私の出会った人の中には、被害妄想から、自分の敵だと称する人を実際に殺してしまったパラノイアの人たちもいた。しかし、自分の敵だと思っている人を赦したパラノイアの人たちもまた、いたのである。この人たちは、精神的な病を行動で示さなかったというより、むしろ、自分の心の病に対して、その人間性のところから応じていたのだと言えるだろう。

殺人ではなく、自殺について言えば、自殺を試みた抑鬱患者のケースはたくさんある。そして一方、何らかの理由を思い、あるいは誰かのためを思って、衝動的に自殺しようとする気持ちになんとか打ち勝ってきた抑鬱患者のケースもまた、たくさんあるのである。彼らは言わば、自殺を試みるには、あまりにもいろんなことを考えすぎたということなのかもしれない。

私、少なくとも私個人は、パラノイアや内因性の鬱病といった精神病は、身体的なレベルでの病、身体因の病気だという確信を持っている。その正確なところはいまだによくわかっていないが（この点に関しては、本章末の「補注1」を参照）、もう少し具体的に言えば、その原因は生化学的なところにある。

「生化学的なところにある」と言ったが、しかし、宿命論的な結論を出そうというのではない。遺伝がベースにある生化学的な問題の場合でも、宿命論的な結論を下すのは妥当ではない。

遺伝がベースにある例で言えば、ヨハネス・ランゲが以前報告した一卵性双生児のケースを何度でも引用したい。その一卵性双生児の一方は〝抜け目のない〟犯罪者になり、そのもう一方は〝抜け目のない〟犯罪学者になったのである。

〝抜け目がない〟という性格特性については、遺伝が絡んでいる可能性があるかもしれない。しかし、犯罪者になるか犯罪学者になるかは、このケースがそうであるように、遺伝の問題ではなく、態度の問題である。

遺伝は、人が自分自身を作り上げていく上での、素材にすぎない。たとえて言えば、遺伝は、大工が家を造る時に必要な石材のようなものである。石材を使って家を建てるとはいえ、その石材まで大工自身が作ったりはしない。

遺伝でさえこの程度のものであるのだから、まして幼時期の体験が人生の道《ライフ・コース》を一義的に決断する可能性などは、遺伝よりもはるかに少ないと言っていいだろう。

患者ではなかったが、以前私にこんな手紙を下さった方がいる。その人はこう書いている。「私は、自分の実際のコンプレックスゆえに苦しんだのではありません。むしろ自分がコンプレックスを持っているのではないかという考えに苦しんだのです。苦しみはしましたが、実際には、私は自分の経験を、何かほかのものと交換するなんて、どうしてもできませんでした。その自分の経験の中から素晴らしいものがたくさんやってきてくれたと、私は思っています(4)」。

精神科医の側の宿命論は、患者の側の宿命論を強めてしまうものらしい。これは神経症の特徴でもあるけれど……。そして精神医学に当てはまるものは、社会医学（sociatry）にもまた当てはまる。汎決定論は犯罪の言い訳として役に立っているのである。汎決定論は言う……「責められるべきは犯罪を犯したその人ではない。その人の中にあるなんらかの心理機制なのだ」と。

しかし、この理屈はすぐに行き詰まる。もしも被告が、「私がその犯罪に関与した時、私は本当に自由ではなかった。それゆえ私に責任はない。私がしたのではなく、私の中の心理機制がそうさせたのだ」と主張すれば、裁判官は「今の言葉も、あなたの責任で言っているのではなく、あなたの中のその心理機制がそうさせたのですね」と主張することだろう。少なくともいったん判決が言い渡されてしまえば、実際、犯罪者といえども、自分のことを、精神力動的な心理機制や条件反射の犠牲者と見られたくはあるまい。

かつてマックス・シェーラーが指摘したように、人間には有罪とみられる「権利」があり、罰せられる「権利」がある。要するに、周囲の事情や環境の犠牲者とみなすことで、その人に罪がないと説明することは、同時にその人の人間としての尊厳まで取り上げてしまうことになるのである。有罪になれるということは、人間の特権であると言ってもよいだろう。そしてその罪を克服することは人間の責任であることもまた確かなのだ。私がカリフォルニアのサン・クェンティン刑務所の受刑者たちに語ったのは、まさにこのことであった。

以前私は、筋金入りの犯罪者たちが集まっていることではカリフォルニア州で一番という、サン・クェンティン刑務所の所長に頼まれて、受刑者たちに話をした。その時に同行していたカリフォルニア大学のジョゼフ・ファブリー教授は、後に、受刑者たちが私の話をどんなふうに聞いたのか、その反応を伝えてくれた。

ある受刑者はこう言ったという。「心理学者たちは（フランクルとは違って）、いつも俺たちの子ども時代のことについて訊ね、過去の良くないことを聞き出そうとする。いつもいつも過去のこと。過去こそ、俺たちの首にくくりつけられた重荷であるかのように」。そしてこの受刑者は続けてこう言った。「ここの連中の中に、心理学者の話なんかを聞きたくて来る奴なんて、ほとんどいないよ。俺が来たのはただ、フランクルもかつて囚人だったって読んだことがあったから来ただけさ[5]」。

かつてカール・ロジャーズは「〝自由〟を構成しているものの経験科学的な定義」にたどり着いた[6]。ロジャーズの弟子、W・L・ケールが一五一人の非行少年、非行少女について研究してみてわかったことは、家族の風土、教育経験あるいは社会経験、近隣社会の影響あるいは文化的な影響、健康状態についての記録、遺伝的な背景といったような事柄から、彼らの行動を予測することはできないということであった。

一方、予測の指標として最も優れていたのは、自己理解の程度に関する指標であった。この指標と、後の行動との間には、〇・八四という高い相関が見られた。ここでいう自己理解とは、自己離脱、つまり自分自身を突き放して見る力を暗示させる。しかし、汎決定論は、この自己離脱の能力をだめにしてしまうのである。

郵便はがき

料金受取人払郵便

神田局
承認

5054

差出有効期間
2026年 7 月31
日まで
（切手不要）

101-8791

965

千代田区外神田
二丁目十八－六

春秋社

愛読者カード係

＊お送りいただいた個人情報は、書籍の発送および小社のマーケティングに利用させていただきます。

(フリガナ) お名前	歳	ご職業
ご住所 〒		
E-mail 小社より、新刊／重版情報、「web 春秋 はるとあき」更新のお知らせ、イベント情報などをメールマガジンにてお届けいたします。	電話	

※新規注文書（本を新たに注文する場合のみご記入下さい。）

ご注文方法　□**書店で受け取り**　□**直送(代金先払い)** 担当よりご連絡いたします。

書店名	地区	書名		冊
				冊

ご購読ありがとうございます。このカードは、小社の今後の出版企画および読者の皆様とのご連絡に役立てたいと思いますので、ご記入の上お送り下さい。

〈書　名〉※必ずご記入下さい

●お買い上げ書店名(　　　　地区　　　　書店　)

●本書に関するご感想、小社刊行物についてのご意見

※上記をホームページなどでご紹介させていただく場合があります。(諾・否)

●ご利用メディア	●本書を何でお知りになりましたか	●お買い求めになった動機
新聞 (　　　) SNS (　　　) その他 メディア名 (　　　)	1. 書店で見て 2. 新聞の広告で (1)朝日 (2)読売 (3)日経 (4)その他 3. 書評で (　　　紙・誌) 4. 人にすすめられて 5. その他	1. 著者のファン 2. テーマにひかれて 3. 装丁が良い 4. 帯の文章を読んで 5. その他 (　　　)

●内容	●定価	●装丁
□満足　□不満足	□安い　□高い	□良い　□悪い

●最近読んで面白かった本　(著者)　(出版社)

(書名)

㈱春秋社
電話 03-3255-9611　FAX 03-3253-1384　振替 00180-6-24861
E-mail : info-shunjusha@shunjusha.co.jp

汎決定論に対抗する決定論の方に目を転じよう。そこでまず、汎決定論が生まれるメカニズムの、厳密な因果論的説明を試みてみたい。自分自身に、こう問いかけてみてほしい。「汎決定論が生まれてくる原因とは何か」と。

私はこう言いたい。汎決定論を生み出しているのは、大切な違いの区別が欠けていることにある。一つには、原因（causes）と理由（reasons）の違いが区別されておらず、また一つには、原因と条件（conditions）の区別がなされず、それらが混同されているのである。

では、「原因」と「理由」の違いとは何か。もしあなたが玉葱を切れば、あなたは涙を流す。涙には、涙が流れる「原因」があっても、あなたには涙を流す「理由」はない。しかし、たとえばもし愛する誰かを失ったとすれば、その時あなたには涙を流す「理由」が生まれる。たとえばもし、あなたがロック・クライミングに挑戦し、一万フィートの高さまで来たとしよう。あなたは圧迫感や不安と戦わなければならなくなるはずである。これは「原因」「理由」、どちらにに由来する感情なのだろうか。酸素が不足しているという「原因」はあるかもしれない。しかし、自分にはロック・クライミングの素養がないことや、自分が十分な訓練を積んでこなかったことを、あなたがもし知っているとすれば、その不安には「理由」があることになろう。

人間であるということは、「世界内存在」として定義されてきた。世界には理由も意味も含まれている。しかし、あなたが人間を閉じられたシステムと考えてしまえば、理由も意味も締め出されてしまう。そこに残っているのは、原因と結果だけである。どんな結果も、条件反射あるいは刺激に対する反応として説明される。そして原因の方は、条件づけや衝動や本能という言葉によって説明されてしまうのである。

衝動や本能は何らかの行動を駆り立てる（push）。しかし理由や意味は何らかの行動を引き寄せてくる（pull）。もしあなたが、人間を閉じられたシステムとして見てしまえば、駆り立てる力にだけは気が付くが、引き寄せる動機には気が付かないだろう。

アメリカのどんなホテルでもいいから、そのフロントの扉を考えてもらいたい。ロビーの内側にいる時には、〝押す（push）〟という標識しか見えない。同じ扉にある〝引く（pull）〟という標識は、外側からしか見えないようになっているのである。人間の扉も、このホテルの扉と同じである。人間は、外につながる扉を持たない閉じた単子《モナド》ではない。にもかかわらず、心理学は人間の開放性、世界に向かって開かれたものとして人間を認識することができず、その結果心理学は一種の単子論《モナドロジー》に変質しているのである。

実存の持つこの開放性は、自己超越性を反映している（章末の「補注2」を参照）。そして人間的な事実としてのこの自己超越性という特質は、さらに、フランツ・ブレンターノやエドムント・フッサールの言う、人間的な現象が持つ「志向的な（intentional）」[7]特質を反映している。

人間的な現象は常に、「志向対象」に関係し、「志向対象」に向かっている。「理由」も「意味」も、そうした対象を表しているのである。「理由」や「意味」は、「心《プシケ》」がつかみ取ろうとしているロゴスである。もしも心理学がその名にふさわしい「心の学《プシコ・ロギア》」であるならば、「プシケ」だけでなく「ロゴス」（意味の世界）も共に理解しなければならない。

実存の持つ自己超越性が否定されてしまえば、実存それ自体が壊されてしまう。いわゆる物象化（reification）である。つまり人間存在が、単なる事物存在に還元されてしまうのである。人間であるということが、非人間化される。そして最も重大な点は、主体が一つの対象にされてしまう点である。主体が一つの対象にされてしまうのは、主体の持っている特徴、すなわち主体が様々な対象と関わりを持つという、主体それ自体のまさに特徴によるものなのであるが。

ただ、理由や動機として役に立っている価値や意味といった志向対象、その志向対象に関わるところに、人間の一つの特徴があるのも事実である。もし、自己超越性が否定され、意味や価値へ向かって開く扉がふさがれてしまえば、理由や動機はどうでもよくなり、条件づけだけが問題にされる。そして人間をどう条件づけ、どのように操作するかは、〝隠れた説得者〟次第ということになるのである。

人間を操作することへの扉を開く元凶こそこの物象化であり、また逆に、人間を操作することへの扉を開くことが、物象化を助長していくのである。

誰かが人間を操作しようとするなら、その人はまず人間をモノにする（物象化する）必要がある。そのためには、汎決定論の考え方の線に沿った教化を人間に施さなければならない。

B・F・スキナーは次のように言う。「自律的な人間を排除することによって初めて、人間の行動の本当の原因を、接近できないものから操作できるものへ変えることができるのである」(8)と。

私はきわめて単純に、次のように考えている。第一に、条件づけは人間の行動の本当の原因ではない。第二に、人間の行動の持つ人間らしさというものを、先験的に否定したりしなければ、行動の本当の原因に接近することは可能である。そして第三に、ある人の行動の「原因」と呼んでいるものは、本当は「原因」ではなく、むしろ「理由」である。このことを認識できた時に初めて、人間の行動の人間らしさは現われてくるのである。

原因は、理由と混同されているばかりか、条件とも混同されている。

確かに、ある意味では、原因も条件である。つまり、いわゆる「条件」が厳密には必要条件であるのに対して、いわゆる「原因」は十分条件である。その意味では、原因も条件である。ついでに言えば、必要条件だけでなく、「可能条件」とでも呼びたい条件もまた存在している。可能条件とは、誘因（引き金）および解除装置のことを指す。たとえば、いわゆる心身症は、心理的な要因によって引き起こされるのではない。つまり、神経症のような心因性のものではない。むしろ心身症は、心理的な要因が誘因（引き金）となって引き起こされる身体の病である。

十分条件がそろえば、何らかの現象が生まれる。つまり現象は、その本質的な面においてだけでなく、その実際の出現においても、十分条件によって決定されている。それに対して必要条件は、一つの必須条件であり、前提条件である。

たとえば、甲状腺機能の減退のために起こる知的発達障害というものがある。その患者に甲状腺製剤を投与すれば、患者のＩＱは改善し、高くなる。しかし、以前私が読んだ本の中で言われていたように、これを根拠に、精神というものが甲状腺の作り出す物質以外の何物でもないなどと言えるであろうか。私はむしろこう言いたい。「甲状腺が作り出す物質は、必要条件以外の何物でもない」と。その本の著者は、必要条件にすぎない甲状腺を、十分条件だと思い込んでいたのである。

副腎皮質の機能が減退する場合を見てみよう。

私自身、副腎皮質の機能減退の結果として起こる離人症のケースについての実験室研究を基に、二つの論文を発表している。この患者に副腎皮質から出るステロイド系のホルモン、デオキシコルチコステロン・アセテートを投与すれば、患者は再び離人症から立ち直る。自分という感覚が戻ってくる。このことは、自己というものが、デオキシコルチコステロン・アセテート以外の何物でもないということを、はたして意味しているのだろうか。

ここでやっと、私たちは、汎決定論が還元主義に変わる地点にたどり着いた。還元主義は、人間に似てはいるが人間とは違う人間以下の現象から人間的な現象を演繹しようとし、また人間的な現象を人間以下の現象に引き下げようとする。しかし、人間以下の現象から演繹する過程で、人間的な現象は、単なる副次的な現象に変質させられてしまうのである。こうしたことを還元主義に許しているのは、まさに「原因」と「条件」の違いを区別することがなされていないからである。

還元主義こそ、今日のニヒリズムの正体である。ジャン＝ポール・サルトル流の実存主義は、『存在と無』というテーマを中心にして展開されている。しかし、その実存主義から学ぶべき教えとは、本来の「無（nothingness）」についての教訓ではなく、ハイフンで結ばれた無、つまり人間存在の「非‐事物性（no-thingness）」、人間存在が事物存在ではないという教訓である。

人間存在は、様々な事物存在の中の一つではない。人間存在は、事物存在と同じ存在の仕方をしてはいない。事物存在はほかの事物存在によってお互いを規定し合う。しかし、人間存在は、自分自身を規定しつつ存在するのである。むしろ次のように言ったほうがよいだろう。つまり人間は、自分自身を、決定されるがままの存在にすべきかどうかを決断する。自分を駆り立てる衝動や本能のままに生きるのか、あるいは自分を引き付ける理由や意味に向かって生きるのかを決断する、そういう存在なのであると。

かつてのニヒリズムは、無を説いた。今日のニヒリズム、還元主義は、「～にすぎない」と説き続けている。人間は一つのコンピューターにすぎないとか、人間は「裸のサル」にすぎないと言われる。確かに、人間の中枢神経系の機能を説明する時に、モデルとしてコンピューターを使うことに問題はない。ただ、たとえ話への誘惑はどんどん大きくなる。

コンピューターの場合にも、このことは当てはまる。しかし、還元主義は軽視したり無視してきたが、次元の違いというものを忘れてはならない。

たとえば、良心についての典型的な還元主義者の理論を思い浮べてもらいたい。それによれば、人間の良心も、条件づけの結果にすぎなくなるのである。

確かに、カーペットを濡らしてしまい、両足の間に尻尾を巻き込んで長椅子の下にもぐり込む犬の行動は、なにも良心の現われなどではない。それは予期不安、この場合は罰を受けることを予期することによって生まれた不安であろう。これはまさに条件づけの結果である。良心には関係ない。本当の良心に基づく行動は、罰を受けるからするというものではまったくないからである。

人間が、罰を受けることへの恐怖に動機づけられていたり、報酬を得ることへの希望に動機づけられていたり、超自我をなだめたいという願望に動機づけられたりしている限り、その時点ではまだ良心が働いているとは言えない。

ローレンツは動物の行動を人間の道徳的な行動にたとえて語ることに対しては、本当に慎重であった。還元主義者は、動物の行動と人間の行動、この二つの行動の間にある質的な違いを認めない。還元主義者は、人間だけに独自に見られる現象など存在するはずがないと否定する。しかも経験科学の土俵の上に立って否定するのではなく、先験的なものに則って否定する。動物の中に見出すことができないものが、人間の中に見出せるはずがない、と彼らは主張するのである。有名なことわざを少し変えて言えば、「さきに動物に在らざりしところの何ものも人間に在ることなし」(「さきに感覚に在らざりしところの何ものも知性に在ることなし」のもじり)である。

私の好きな物語の中に、ユダヤ教の牧師が、二人の信者から相談を受ける話がある。一人がこう主張した。「こいつの猫がバターを五ポンド盗んで、食っちまったんです。なのに、こいつは、そんなことはないって言うんです」と。「その猫を連れてきなさい」と牧師は命じ、猫はその牧師の前に連れてこられた。「秤を持ってきなさい」。今度は秤が持ってこられた。「この猫が食べたバターは何ポンドだったかな?」と牧師は訊ねる。「五ポンドです。牧師さま」。そこでさっそく、牧師は猫を秤に乗せ、重さを測ってみたところぴったり五ポンドであった。牧師はこう言った。「この重さのうちの五ポンドがバターだとすれば、猫はいったいどこにいってしまったんだろう」。

これと同じことが還元主義の世界でも起きる。あらゆる条件反射や、条件づけや、生れ付き持っている解除装置や、そのほか還元主義者たちが探し求めてきたものならどんなものであれ、彼らがこうしたものを人間の中に再発見する時にはいつも、これと同じことが起きているのである。さっきの牧師のように、還元主義者たちも言うだろう。「それはわかったとして、で、人間はどこに行ってしまったんだろう」と。

還元主義の線に沿った教え込みが持つ破壊的な影響力を、甘く見てはいけない。ここではR・N・グレイらがおこなった六十四人の医者（うち十一人は精神科医）に関する研究を引用するに留めておくが、その研究は次のことを明らかにした。

それによると、医学生の多くは、皮肉な考え方《シニシズム》が強化され、人道主義的な考え方は弱められるというのである。医学の勉強がすべて終わった後になってやっと、その傾向は逆になった。しかし残念なことに、必ずしもこの研究の被験者のすべてがそうだったというわけではなかった。[9] 皮肉なことに、この研究報告をした著者はというと、人間を「適応性の高いコントロール・システム」と定義し、価値を「刺激―反応過程において、緊張を低減するように働くホメオスタティックな抑止力[10]」と定義していたのである。

また、別の還元主義者によれば、価値は反動形成と防衛機制以外の何ものでもないと定義されてしまう。こうした解釈が、言うまでもなく、価値というものの真価を知らぬ間に傷つけ、徐々にむしばんでいくのである。

実際にあったこんな例をお話ししてみたい。ある若いアメリカ人のカップルがアフリカから帰ってきた。アフリカで彼らは、「ピース・コー」〔開発途上国を援助する米国の機関〕のボランティアとして参加していたが、うんざりしてしまったというのである。二人は最初、心理学者をリーダーとする、半ば強制的なグループ・セッションに参加しなければならなかった。そこではこんな感じのゲームをさせられたという。

「あなたたちがこの平和部隊に参加した理由は何ですか?」

「特権階級に属さない人たちを手助けしたいと思ったのです」

「ということは、彼らより上の存在にならなければなりませんね」

「ある意味ではそうかもしれません」

「それは要するに、あなたたちの中には、自分たちの方が上だということを証明したいという欲求、そういう無意識の欲求があるっていうことですよ」

「うーん、私はそんなふうに考えたことなんてまったくありませんでした。でも、あなたは心理学者ですし、きっとあなたの方がよくご存じなんでしょうね。」

このグループでは、理想主義や利他的な精神を、単なるコンプレックスと解釈するように教え込まれていた。さらに悪いことに、二人は絶えず、自分たちの中に「どんな隠された動機があるのか」をお互いに探り合う、そのゲームに乗ってしまったのである。これこそまさに、私が「過剰解釈」と呼ぶ一つの実例である。

エディス・ワイスコップ＝ジョエルソンらの最近の研究によると、アメリカの大学生にとって最も高く評価される価値は、「自己分析」であるという[11]。アメリカに蔓延している文化的風土は、先のボランティアに行ったカップルのケースのような、単なる強迫的な自己分析をあおる危険にとどまらず、「大衆的な強迫神経症」とでも言える危険をも持っているのである。

E・ベッカーは次のように言う。「外来患者は不安を感じると、どんな場面にいても自分の動機を分析しようとする。『これは男根願望に違いない。これが近親相姦的な魅力というものに違いない。去勢不安だ。エディプス・コンプレックスだ。いや、多形倒錯だ』といった具合に……[12]」。

ここまで、「理由」と比較しながら「原因」について議論し、また「十分条件」と比較しながら「必要条件」について議論してきた。しかし、区別して考えてみる必要のある第三のものがある。それは、普通「十分条件」という言葉で理解されているものが、実は最終的な意味での原因（final causes）ではなく、効果のある原因（efficient causes）なのだということである。
ここでの私の論点は、最終的な原因あるいは意味や目的は認知できるということである。最終的な原因、意味、目的、そうしたものにとって適切な科学的アプローチを採りさえすれば認知できるということである。
意味や目的など存在しないと主張する汎決定論者は、ゲーテの描いた〝生きものを研究しようとする〟人に似ている。

生きたものを認識し記述しようとするものは、
まず、執拗に生きものから魂を取り除く。
次に、手に入れた各部分を分類する。
しかし、気の毒なことに、精神的なつながりは欠けている。
化学ではそれを「自然の働き」と呼ぶ。
それがどれほど、みずからをあざけり侮辱するものであろうとも。

『ファウスト』第一部

ここにはまさに、「つながりの喪失《ミッシング・リンク》」がある。いくつもの科学によって描き出された世界では、意味は失われている。しかし、このことは何も、世界が無意味だと言っているのではない。ただ、科学は意味に対して盲目だというだけのことである。つまり意味は、科学によって暗黒部分にされてしまっており、どんな科学的アプローチによっても例証されていない。冒頭の譬《たと》えにこだわった言い方をすれば、どの断面図にも出てこないのである。

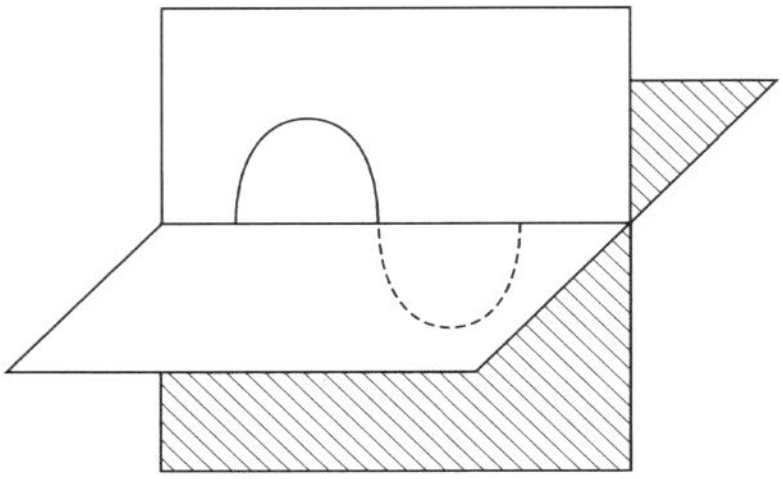

上図の垂直方向の平面に描かれた曲線を考えていただきたい。この曲線は、水平方向の平面の上では、ただの三つの点、単独の、脈絡のない、互いに意味のつながりなどない、三つの点として表現されるだけである。その意味のあるつながりは、水平面にはなく、その上と下にある。

科学にとっては、でまかせの、たとえば運命の浮き沈みのように見える出来事の場合も、これと同じことなのかもしれない。こんなふうに考えてみてはどうだろう。つまり、水平面では分からない隠された意味、より高度なより深い意味は、確かに存在している。ただその意味は、この曲線のように水平面の上や下にあるがゆえに、わからないのだと（このことについては、「補注3」を参照のこと）。

必ずしもすべてのことがうまく説明できるわけではないけれど、この図で説明できるのは、実際には必然的なつながりの中で起こっている出来事であるにもかかわらず、それが偶然の出来事のように見えてしまう、その理由である。

こうしたことが、もし意味の場合にも当てはまるとすれば、どれくらいのことが、究極的な意味に当てはまるのだろう。その意味が包括的なものになればなるほど、その意味を理解することは難しくなっていく。無限の意味は、必然的に、私たち限りあるものによる理解をはるかに超えているからである（このことについては、「補注4」を参照のこと）。

ここがまさに、科学があきらめ、知恵が引き継ぐ地点なのである。ブレーズ・パスカルはかつてこう言った。「心は、理性《レゾン》が知らない理由《レゾン》までも知っている」と。「心の知恵[13]」とでも呼べる何かが、確かに存在しているのである。人によってはそれを、存在論的な自己理解と呼ぶこともある。

どこにでもいる普通の人が、心の知恵を働かせて自分自身を理解するその方法を、現象学的に分析することによって見えてくること……それは、一つには、人間であるということには、かつてフルトン・J・シェーンがからかい半分に言ったような、超自我、自我、イドが激しく要求をぶつけ合う戦場という意味以上のものがあるということ。そしてまた、人間であるということには、条件づけ、衝動や本能に利用される手先、もてあそばれる玩具以上のものが存在するということである。

どこにでもいる普通の人たちから私たちが学ぶものは、「人間であるということは、チャンスでもありチャレンジでもある状況にいつも向かい合うことだ」ということである。そして人生のそれぞれの状況は私たちに、その意味を満たすようにとチャレンジしてくる。そしてその挑戦を引き受けることによって初めて、自己を実現するチャンスが、私たちに与えられるのである。つまり、人生のどの状況も、私たちに呼びかけてくる一つの呼び声である。私たちはこの呼び声にまず耳を傾け、そしてそれに応えるのである。

やっと議論の円環が閉じられるところまできた。私たちは、自由を制限するものとしての決定論から出発し、自由の幅を広げるものとしてのヒューマニズムにたどり着いた。ただ、自由は話の一部であり、真理の反面でしかない。自由であること、それは現象全体の消極的な側面にしかすぎない。その積極的な側面には、責任を持つという意味が込められている。自由は、責任性というものに基づいて生きられなければ、ただの勝手気ままに変質してしまう。東海岸の自由の女神像は、西海岸の責任性の像によって補われるべきだと私が言うのも、こうした理由によるのである。

［補注1］

医学の専門家なら、病気の本質がまだよくわかっていないという事態は、馴染みのないことではない。医者が直面する様々な病気の中で、その原因のわからないものがどれほど多いことか。癌のことを考えてみればいい。いずれにせよ、精神病は、身体システムの生化学的な問題である。しかし、患者がその人の精神病を基にして、そこから何を作り上げるかは、完全にその人のパーソナリティーによる。その人を苦しめる精神病そのものは生化学的なものである。しかし、その精神病にどう反応するのか、精神病に何を付与するのか、精神病の内容をどんな中身で満たしていくのか、それらはすべて、その人が独自に創りあげていくもの、その人がみずからの苦しみの中で創りあげた人間的な成果なのである。苦しみに意味を与える、その人なりのやり方なのである。

精神病それ自体に意味があるわけではない。しかし、精神病に対してどうするのかによって、意味は生じうる。患者が精神病から引き出してくる永続的な内的成長によって、精神病にも意味が生まれてくるのである。

エディス・ワイスコップ＝ジョエルスンは次のような仮説を立てた。「パラノイアの患者は、一貫した人生哲学への強い欲求を持っており、その人生哲学の代わりに、妄想を発達させるのだ(14)」と。つまり彼女の言葉で言えば、パラノイアとは「意味の探求によって引き起こされたもの」だというのである。

しかし、私は少し違った見方をしている。というのは、パラノイアがしばしば「意味を見出そうとしすぎること（hypertrophy of meaning）」に関係しているというのはもっともなことだと仮に考えたとしても、「意味を見出そうとしすぎること」それ自体は、精神病の病因論よりむしろ、症状論に関わることだと思うからである。

同様に、精神病のもう一つの形、内因性の鬱病には、パラノイアとは逆に、「意味を見ようとしないこと（hypotrophy of meaning）」がしばしば関係している。しかし、患者が意味に対して盲目なのは、その人の抑鬱の原因ではなく、症状なのである。

もちろんこうしたことは、パラノイアと内因性の鬱病、つまり最終的には身体的な原因を持つタイプの精神病にしか当てはまらない。わかりやすく言えば、「内因」性の鬱病に苦しむ患者は、精神病という病気ゆえに、人生に意味を見出せなくなっており、一方、

「神経症」的な抑鬱状態に苦しむ人は、人生に意味を見出せないがゆえに、うつ状態になっているかもしれないのである。

いずれにせよ、精神病の根本的な原因は、何らかの生化学的な本質にあるという、その事実に変わりはない。

［補注2］

フロイトの精神分析とは対照的に、アドラーの「個人心理学」は、自己超越性に対して、相当な敬意を表しているではないかと言う人もいることだろう。実際、アドラーの心理学では、人間を、衝動によって駆り立てられる存在と見るよりはむしろ、目標に向かって方向づけられている存在と見ている。

しかし、詳しく検討してみると、アドラー心理学における「目標」は、実際には人間の自己や心《プシケ》を超えた何かではなかった。むしろアドラー心理学が、人間の努力というものを、劣等感情や不安感と折り合いをつけるための単なる工夫と考えている限り、そこで言われている「目標」も、結局は「心の内側に生じるもの」(intrapsychic) と考えられていると言えよう。

【補注3】

分子生物学者ジャック・モノーが、あらゆる生命は、突然変異と自然淘汰との相互作用の結果であると主張することに異論はない。『偶然と必然』〔邦訳みすず書房〕の中で、彼は「純粋な偶然、ただ偶然だけが」進化の根源であると言った。しかし、それに続けて彼がこう言う時、彼は誤りを犯した。「偶然という観念が、考え得る唯一の観念である。偶然という観念だけが唯一、観察事実や経験的な事実と矛盾なく共存できる観念だからである。この点については、考え方をいずれは改訂しなければならないだろうとか、改訂することもできるだろうなどと言う人は誰もいない」と。

これではもはや経験科学とは言えない。モノー個人の哲学、彼の個人的なイデオロギーに基づく主張でしかない。この時モノーは、慎重に自分自身を生物学の次元に閉じ込め、さらに悪いことには、まったくの先験的な土俵の上に立って、ほかの次元、より高い次元が存在するかもしれないという可能性を否定するのである。

科学者は、自分の科学を守ろうとするものであり、一つの次元に留まろうとするものなのかもしれない。しかし、科学者はまた開かれていなければならない。自分の科学を開かれたものにしなければならない。少なくとも、自分とは別の、もっと高い次元が存在するかもしれないという、その可能性に対しては開かれていなければならない。

前にも言ったけれど、より「高い」次元というのは、それがより「包括的」だという意味で「高い」と言っているだけである。たとえば、立方体を取ってきて、上から投影すれば、その影は四角形になる。この時、「立方体はこの四角形を包括している」と言ってもかまわない。四角形の中で起こることと、立方体というより高い次元で起こることが矛盾する可能性はないのである。より高い次元は、低い次元を排除したりしないからである。より高い次元は、低い次元を包括する。高い次元の真理と低い次元の真理の間には、包括するという関係だけが可能なのである。

生物学者が科学をよそおって、自分自身の信念あるいは疑惑を売り払ってしまうくらいなら、「生物学という学問の範囲内では、より高いあるいは究極的な意味とか目的といったようなものは、何も現われていない」とはっきり明言する方が適切だと言ってよいだろう。「目的論が正しいという証拠はない」と言ってもかまわないのだ。しかし、その科学者が還元主義者でない限り、さらに高い次元から見れば、目的論的見方が成り立つ可能性もあることを排除したりしないはずである。

私たち科学者は、知識以上のもの、つまり知恵もまた持つ必要がある。知恵とは何か。

それは、知識に加えて、その知識が持つ限界を知ることだと私は思っている。

［補注4］

「超意味（meta-meaning）」という概念は、必ずしも神の存在を前提とするものではない。神という概念すら、必ずしも神の存在を前提としなくても成り立つ。私が十五歳くらいの頃だったろうか、神の定義について考えた。その定義に、年老いた今、私はどんどん近づいてきているのだ。それは、神についての操作的定義と言ってもよい、こんな定義である。神は、あなたにとって一番親しい、独り言の相手である。あなたが自分自身に向かってこれ以上ない誠実さで語りかけ、本当の孤独の中で語りかける時にはいつも、実はその相手になっている人、その人のことを神と呼ぶのだ。

この定義なら、無神論的な世界観と有神論的な世界観という二分法は意味がなくなる。無神論か有神論かという違いは後になって出てくるだけのことである。違いと言っても、無神論の人なら、独り言を、まさに自分自身との対話だと言うだろうし、また有神論の人なら、その独り言を、誰かほかの人との本当の対話だと解釈するだけの違いである。何よりも大切なのは、これ以上ない誠実さと正直であると私は思う。もし神が本当に実在するなら、神はきっと無神論の人と、神の存在について議論するつもりはないだろう。無神論の人は、神と自分自身とを思い違いし、神の名前を呼び間違えているだけなのだから。

5 出会い（エンカウンター）論——〃人間性〃心理学は本当に人間的か？

何にも増して今、心理学に求められているのは、心理療法が人間的な次元、人間的な現象の次元に入っていくことである。そこで、このステップが「人間性心理学」運動の中にはたしてあるかどうか、問い直してみたい。

ロゴセラピーも、人間性心理学の流れに「加わっている」と言われている。[1] しかし、読者には自分自身の目で確かめていただきたい。また人間性心理学に対して批判的な意見を述べたり批判的な立場を確保するためにも、ひとまず人間性心理学からロゴセラピーを切り離しておくほうが賢明かもしれない。

私たちが特にここで強調しようとしているのは、人間性心理学運動は「出会い」（エンカウンター）という概念次第で良くもなれば悪くもなるということである。というのも、出会いという概念ほど、人間性心理学を支持している多くの人たちによって誤った理解（「誤った使い方」ではない）をされ続けている概念はないからである。

出会いという概念そのものは、人間性心理学からではなく、むしろ実存主義の中から生まれた。それは、マルティン・ブーバー、フェルディナント・エブナー、ジェイコブ・L・モレノによって導入された概念である。こうした人たちは、共同存在（coexistence）という観点から実存を解釈する道を開くことで、実存主義思想に大きな貢献をもたらしてくれた。ここでは、出会いは「我と汝の関係」として理解されている。つまり、出会いは本来、人間的で人格的なレベルの上でしか成立しない、そういう関係として理解されているのである。

しかし、こうした見方には何かが欠けている。つまり出会いが、一つの次元以上のものでもなければ、以下のものでもないものとして、言い換えれば、一つの次元に閉じられたものとして理解されているように思えるのである。

このことは、カール・ビューラーが提唱した言語理論を思い起し、その理論を応用してみればわかりやすくなる。彼の理論によると、言語の機能は三つに分けられるという。一つは、話し手が自分自身を表現するという機能。つまり自分の表現を乗せて運ぶ道具としての機能。第二に、言語は話し手が、聞き手に語りかける訴えとしての、つまり人の心を動かす力としての機能。そして第三に、言語が常に、何かの象徴であるという機能、つまり人が話そうとしている「何か」を象徴するという機能。言語にはその三つの機能があるという。

言い換えれば、人が話すという試みはいつも、(1)誰かほかの人「に向かって(to)」自分自身を投げ出しながら、(2)自分を表現している。しかし、もしこの時、その人が何か「について(of)」語っていないなら、この一連の過程を「言語」と呼ぶことはできない、ということである。

ここで問題にしなければならないのは、むしろある種の偽の言語、言語まがいのものについてである。この偽の言語は、単なる自己表現の一つの様式にすぎず、相手に何かを語りかけようという訴えが欠落していることもしばしばある。精神分裂病の患者の中には、その話し方が偽の言語と解釈されても仕方のない話し方をする人がいる。つまり、気分だけは表現しているにもかかわらず、その言葉で表現しようとしている現実、その言葉が指し示す現実が存在しないのである。(2)

言語に当てはまることは、共同存在や出会いの場合にもまた当てはまる。なぜなら、ここでもまた人間同士の、個人と個人の、コミュニケーションにおける第三の側面が考慮される必要があるからである。ブレンターノそしてフッサールを受け継ぐ現象学で言う「志向対象（intentional referent）」こそ、その第三の側面である。[3]

志向対象になり得るものすべて、言語が指し示す対象のすべて、主体と主体がお互いにコミュニケートしているその二人の人間によって「意味される」対象のすべて、それらすべてが一緒になって、構造化された全体、つまり「意味」の世界を形成する。そしてこの「意味の宇宙」のことをうまく表現しようとする言葉として、「ロゴス」という言葉があるのだ。

このことから、意味というものを締め出す心理学、人間存在とその「志向対象」との関係を断つ心理学はどれも、いわばその心理学自身を骨抜きにしていると言ってよいだろう。「心の学《プシコ・ロギア》」という名にふさわしい心理学は、その名の通り、「心《プシケ》」だけでなく「ロゴス」（意味の世界）に対しても敬意を表すべきなのである。

ブーバーとエプナーは、出会いが、人間の精神生活の中で中心的な役割を果たしていることを発見しただけではない。人間の精神生活が、基本的には、我と汝の対話であると定義したのである。

しかし私が言いたいのは、どんな対話も、それがロゴスの次元に入っていかなければ、本当の対話ではないということである。ロゴスのない対話、何らかの志向対象への方向性を持たない対話は、実は独り言《モノローグ》が相互になされているにすぎない、二人の人間によってなされている単なる独り言にすぎない、ということである。ここで見落とされているものこそ、私が「自己超越性」と呼んだ、現実の人間が持つ特質なのである。(4) つまり、人間であるということは基本的に、人間が自分以外の別の何かに関わろうとし、別の何かに向かう存在であるということなのである。現象学派の人は認知行為の「志向性」をいつも強調してきてはいたが、より大きな人間的現象、つまり実存の自己超越性からみれば、ほんの一つの側面でしかなかったと言えるだろう。

単なる自己表現にとどまっている対話は、現実の人間の自己超越的な特質に関わってはいない。本当の出会いは、ロゴスに向かって開かれた共同存在の一つの様式である。それは相手の人が自分自身を超越してロゴスへ向かうことを認め、さらに自分も相手も共に、相互に自己超越していくことを促すのである。

しかし自己超越性は、満たすべき意味に向かっていこうとするだけでなく、愛すべき別の人間、愛すべきもう一人の人に向かっていくことをも意味している。このことを見のがしたり、忘れたりしてはいけない。

愛は出会いを超えている。これは確かなことだろう。なぜなら、出会いが一般的な意味での人間的なレベルという普通名詞の世界で生ずるのに対して、愛は人格的《パーソナル》なレベル〔固有名詞の世界〕で生ずるものだからである。出会いは、この言葉の最も広い意味で言えば、相手の人のまさに人間らしさを私たちに実感させてくれる。一方、人を愛することは、それ以上のものを、つまり愛するその人が、ほかの誰とも交換不可能な、固有名詞を持った唯一無二のかけがえのない人であることを気づかせてくれるのである。ほかの人にはない、その人だけのユニークさ、唯一無二であることこそ、個性というものを構成している特性にほかならない。

しかし、自己超越性という概念は、意味を満たすことによって自分を超えることも、愛の出会いによって自分を超えることも、どちらの意味も含んでいる。意味を満たすことによる自己超越性には、非人格的なロゴスが含まれており、一方、愛の出会いによる自己超越性には、人格的なロゴス、いわば生身のロゴス（incarnated logos）が含まれているのである。

ブーバーやエプナーによって深められてきた伝統的な出会いの概念とは対照的に、ほとんどの人間性心理学の文献に出てくる一般的な出会いの概念はというと、依然として古臭い単子論的な心理学のままである。人間は窓のない、つまり自己超越的な関係への通路を持たない、ただの単子《モナド》とみなされてしまっている。それによって、出会いという概念も、通俗的なものになってしまった。通俗化された出会いの概念は、本当の意味で人間的であるというより、むしろ機械的なものになっている。だから、ハンブルグ大学のペーター・R・ホフシュテッターが「リビドーの流体力学（libido hydraulics）」と呼んだ事態が、今なお、かなりの数のエンカウンター・グループ運動に広がってしまっているのである。

次に紹介するケースは、その一つの例として役立つだろう。

エンカウンター・グループに参加したある女性は、非常に興奮してきて、別れた夫に対する怒りをあらわにした。グループのリーダーは彼女を呼んで、彼女の攻撃性と怒りを発散させるために、風船を針で割らせた。言い換えれば、本当の怒りの対象、つまり夫の代わりに、風船がその対象にされたわけである。しかし、むしろ風船に、爆発の「主体」である彼女の代わりをさせたのだとも言えるだろう。

結局は、彼女が「爆発」するのを抑えることに、その目的はあったのである。そして事実、ほっとした感じを彼女は味わったかもしれない。

しかし、これは本当に「攻撃性が緩められたことによる安堵感」と言っていいものだろうか。それが、うかつな教え込み、つまり、まったく機械的な、時代遅れの人間観に基づく教え込みの結果でないという証拠はあるだろうか。

行動化しても、何も変わりはしない。彼女が怒っている理由はそのままそこにあるのである。本来、人はまず、怒るべき理由があるのかどうか、それを気にかける。人がどんな反応を示そうが、それを「怒り」といううわべだけの言葉で折り合いを付けてしまうことがあるが、その「怒り」という言葉の向こうには、実際には様々な感情が存在しているのである。

しかし、上に紹介したケースに見られる機械的な人間観は、患者に自分自身を、自分に内在する「リビドーの流体力学」の働きという用語で解釈するように仕向けるのである。そうすることによって、結局は、その状況に関わるもっと別の何かをしてもいいということを忘れさせてしまう。つまり、人間はみずからの態度、見解を表明してもよい。自分自身の感情や攻撃性といったようなものに対して、自分がどういう態度を取るのか、それを選ぶことさえしてかまわない。にもかかわらず、機械的な人間観は、そうした基本的なことさえ忘れさせてしまうのである。本当の意味で人間的な人間のとらえ方をしようとするなら、「人間の可能性」というものが、その最高の姿で理解されなければならない。

この理論に基づく治療実践なら、患者の中に、人間の可能性についての意識が増大していくように働きかける。この世界の何かを可能ならばより良い方向に変えようとし、自分自身を必要とあらばより良い方向に変えようとすることこそ、人間は自由だという意識そのものにほかならない。

先ほどの離婚した女性のケースをもう一度取り上げてみよう。

彼女が「和解」という態度を選ぶ可能性はどうだろう。可能なら、夫と和解する。あるいは必要ならば、離婚を体験した妻という運命と和解し、前進し、その苦しみを人間的な生き方の一つとして生きるという可能性はどうだろう。

みずからの苦境を気に留めず、乗り越え、成長し、その経験を建設的で創造的な、前向きの経験に作り変えていく……そういう可能性が患者の中に存在していることを、私たちは否定してはいないだろうか。自分は、様々な力の操り人形であり餌食でしかない……そう信じさせてしまうことによって、私たちは、彼女の中にある成長の可能性を邪魔してはいないだろうか。

このケースで言えば、「あなたの人生は、彼が和解してくれるかどうかそれ次第。いわば彼次第の人生なのだ」と信じ込ませようとするのだろうか。それとも、彼女に針で風船を割らせた後で、「攻撃性が発散されるかどうか、それ次第だ」と信じさせるのだろうか。いずれにせよ、そう信じ込ませることによって、彼女の成長可能性を阻害してはいないだろうか。

次に、怒りではなく悲しみという感情について考えてみよう。

愛する人を喪い、悲しみの中にいる人に精神安定剤を手渡す。その時その人はどんな反応を示すか、自分自身に問いかけてみていただきたい。おそらくこんな反応が返ってくるのではないだろうか。「現実を前にして目を閉じてみたところで、その現実が消えてしまうわけではありません。ぐっすり眠れるようになり、愛した人の死が気にならなくなったとしても、あの人が死んだという事実は、消えてなくなるわけではありません。私の心を占めているのはたった一つ。あの人が生きているのか、死んでいるのか、それだけです。私の精神状態がどうかということなんかじゃないんです」。言い換えれば、気に懸けるべきは、自分が幸せかどうかではなく、自分に幸せになる理由があるかどうかなのである。

ヴィルヘルム・ヴントの体系は「心のない心理学」(psychology without psyche)と批判されてきた。私たちは長い時間をかけて、これを克服しようとしてきた。しかし、「ロゴスのない心理学」(psychology without logos) と呼べる心理学がなお存在している。「ロゴスのない心理学」にとって、人間の行動は、世界の外側にある何らかの理由によって引き出されたものではない。「ロゴスのない心理学」とは、人間の行動は、むしろ人間の心(あるいは身体)の中に内在する諸々の原因の結果だと考えるような心理学である。

しかし、すでに述べたように、原因と理由はまったく同じではない。不幸に感じる時、ウィスキーを一杯ひっかける。その時そのウィスキーは、不幸な気持ちを消してくれる「原因」である。しかしたとえ不幸な気持ちは消えたとしても、不幸に感じる「理由」はなおそのまま残っているのである。

同じことが、精神安定剤の場合にも当てはまる。精神安定剤といえども、その人の運命を変えられるわけではないし、死別の事実を変えられるわけでもない。

しかし、その人がみずからの態度を変えるというのはどうだろうか。つまり苦境を、人間的なレベルの成果に変えるというのはどうだろうか。人間を世界から切り離そうとする心理学には、こうした考えが入り込む余地はない。これは確かなことだろう。なぜなら、世界とのつながりの中で人間を考えて初めて、人間の行為の理由が見えてくるのであり、世界とのつながりの中で人間を考えて初めて、苦しみの中にも意味があるということを理解できるからである。

意味を探求する存在として人間を見る心理学と違って、人間を閉じられたシステムと見る心理学、力学的な相互作用のシステムと見る心理学は、必然的に人間から力を、つまり悲劇を勝利に変える力を、奪ってしまわざるをえないだろう。

困ったことは、まさに攻撃性の概念の中で始まっている。その概念がローレンツの考えに沿った生物学的なものであれ、フロイトの考えに沿った心理学的なものであれ、事情は同じ。彼らの攻撃性に関する概念は不適切であり、不十分なものである。どちらも、人間に固有の現象である志向性というものを完全に無視している。

実際、心の中に内在する攻撃性といったものは存在しない。はけ口を探し、攻撃性を行動で表わすのに役に立つ目標を、駆り立てられるようにして求める、そんな攻撃性の「単なる犠牲者」としての私といったものも存在しない。人間的なレベルでは、つまり一人の人間としては、一定量の攻撃性というものを持ち、そしてその攻撃性を便利な標的に向けようとしているのではないのである。

自分が実際にしていることは、それとは少し違っている。私は憎んでいるだけだ。何かを、あるいは誰かを、私は憎んでいるだけなのだ。とはいえ、「人」（つまり、私の憎むものを創った人、私が憎むものを所有する人）を憎むより、「もの」を憎むほうが、確かにずっと意味のある憎み方だろう。なぜなら、「もの」を憎むのならば、人間としてのその人を憎んでいるわけではないのだから、その人の中の私の憎んでいる「もの」をなんとかしてもらうよう手助けするかもしれない。その人の中に私が憎むような、そんな「もの」があったとしても、それでも愛するということはありうることである。

攻撃性とは対照的に、愛も憎しみも人間的な現象である。どちらも、志向的であるがゆえに、人間的なものである。私は憎む理由を何か持っており、愛する理由を持っている。だから憎むのであり、愛するのである。

一方攻撃性は、もろもろの原因によるものである。これらの原因は、心理学的あるいは生理学的な特性を持っている可能性がある。生理学的な可能性については、ヘスの古典的な実験を考えてみてもらいたい。その実験で彼は、猫の脳の中枢部分を電気で刺激することによって、攻撃性を誘発することができたというのである。

こんな仮説を立てる人もいる。すなわち「国家社会主義に反対する抵抗運動に参加した人たちは、たまたまアドルフ・ヒトラー個人に反対することで起こってきた攻撃衝動の、その除反応を追求していただけのことである」と。しかし、この仮説は、著しく公平さを欠いている。実際は、抵抗運動に参加した人たちの大半は、アドルフ・ヒトラーと呼ばれた一人の男と戦おうとしていたのではなく、むしろ国家社会主義と呼ばれるシステムと戦おうとしていたのである。

今日、攻撃性は、議会やさまざまな委員会で必ずと言っていいほど話題になる重要なテーマ（「流行の」とは言うまい）になってきた。しかし、もっと重要なことは、いわゆる平和研究が、攻撃性にその照準を合わせて研究してきたということにある。

私は、平和研究が、攻撃性といった非人間的、非人格的な概念を頼りにして進められている限り、うまくいくはずはないと信じている。もちろん攻撃衝動というものは、確かに人間にはある。その衝動を人類以前の先祖から受け継いだと解釈する人もいれば、精神分析学的な立場に立って何らかの反動形成として解釈する人もいる。しかし、人間的なレベルに立ってみれば、攻撃衝動がある人の中に本質的に存在しているわけでは決してない。それは常に、その人がそういう攻撃的な態度を取らざるをえないような何かに向かうものとして存在し、ずっとそういう態度を取ってきた何かに向かうものとして存在しているということである。[5]

どんな場合でも、問題とすべきは、非人格的な攻撃衝動に向き合うその人の人間としての態度がどうかということである。攻撃衝動それ自体が問題なのではない。

このことは自殺衝動の場合も同じである。だからたとえば、自殺衝動というものを測定しようという試み、そんなことをしてみても無駄なのである。結局、自殺の危険は、その人の自殺衝動の強さに関係しているのではなく、自殺衝動に対する、その人の人間としての態度に関係しているからである。そして一方その人の態度はというと、基本的には、その人がたとえ辛くとも、何か生き残る意味を、そこに見ているかどうかにかかっているのである。

自殺衝動それ自体を測定していると主張するテストではなく、何よりも決定的な因子、自殺衝動に対するその人の態度、それを評価しようとするテストももちろん存在している。そのテストを、私は一九三〇年代に開発し、一九五五年に『医師と魂』と題した英語の本の中で紹介しておいた(6)。

平和研究は、いわば全人類の生存にかかわる研究である。しかし、その平和研究は、人間が攻撃衝動に対してどういう態度を取る力を持っているかといった、人間の能力に訴える研究方法ではなく、攻撃衝動だけを見る研究になっている。その結果生じる宿命論によって、現在の平和研究は大きなハンディを背負わされていると言えよう。

結局のところ攻撃衝動という概念は、憎むための口実、憎むことの言い訳でしかない。憎しみを生み出しているのは攻撃衝動であり心理的なメカニズムであると教えられている限り、人は憎むことを止めないだろう。攻撃衝動が憎んでいるわけではない。その人が憎んでいるのである。

さらに重要なことは、「攻撃的な潜在力」という概念が、攻撃性を、水路を使って運んでいけるもののように思わせてしまう点である。事実は、コンラート・ローレンツのチームの動物行動学的立場に立つ研究者たちの調査によると、攻撃性を、どうでもいい対象に向けて逸《そ》らせようとする試みや、害のない活動によって取り除こうとする試みは、かえって攻撃性を誘発するだけであり、多くの場合、攻撃性の度合いを強めてしまうというのである。

攻撃性と憎しみの違いは、セックスと愛の違いに似ている。つまり、私は自分の性衝動によってパートナーへと駆り立てられている。しかし一方で人間的なレベルに立って言えば、愛するべきたくさんの理由を持っているからこそ、私はそのパートナーを愛しているのだと言える。彼女とのセックスは、その愛の表現であり、いわば愛の「身体化」なのである。

人間以下のレベルで言えば、確かに、彼女のことを単なるリビドー・カテクシスの対象（つまり余った精子を出してしまうのには最適の手段）としてしか見ていないということになるのだろう。そうした態度を伴うセックスのことを、患者たちは「女の上でやるマスターベーション」と言ったりする。そしてこんなふうに言いながら、患者たちは暗に、こうしたセックスと、パートナーに対する普通の接し方、人間的で人格的なレベルでなされるセックスとをはっきり区別しているのである。

ここにはもはや、パートナーのことを単なる「対象」と見る見方は存在しない。もう一人の主体としてパートナーを見ることができる患者がここにいると言ってよいだろう。こうした見方ができるようになると、他者を（たとえその目的がどんなに立派なものであれ）目的のための単なる手段と見るといったことはできなくなる。人間的なレベルでは、人がパートナーを「利用」することなど、もはやない。対等な人間同士という関係に基づいて、お互いがお互いに出会うのである。

一方、人格的《パーソナル》なレベルでは、固有名詞を持った私と固有名詞を持ったあなたという関係に基づいて、人はパートナーに出会う。言い換えれば、パートナーを愛するのである。つまり、出会いはパートナーの人間らしさという普遍性を保護し守る。一方愛は、一人の人間としてのその人のかけがえのなさ、その人がなにものにも代えがたい唯一無二の存在であることを教えてくれるのである。

本当の出会いとは、単なる自己表現ではなく、自己超越に基づいている。さらに言えば、本当の出会いは、ロゴスへ向かってみずからを超越しようとするのである。一方、偽の出会いは、「ロゴスなしの対話」に基づいている。[7] つまり偽の出会いは、相互の自己表現のただの舞台でしかない。こうしたタイプの出会いが、今日これほどまでに広く行なわれている大きな理由は、現代人が、自分のことを気に懸けてもらえているかどうかを非常に気にしているからである。言い換えれば、現代人にはそれが欠けているということである。

産業化社会が持つ非人間的な風土の中で、相変わらず多くの人々が、寂しいという感覚、つまり「孤独なる群衆」の寂しさに苦しんでいる。だから、そこに欠けている温もりをなんとか補償したい、親密な関係によってこの孤独感、寂しさをなんとか埋め合わせたいという強い願いが起こってくるのも、自然なことだろう。人々は親密な関係を求めて、叫び声をあげているのである。

ただこの叫び声が、あまりにも切実な、あまりにも切羽詰まったものであるがゆえに、親密な関係が得られるのであれば、人々はどんな代償を払っても、どんなレベルのものであっても、それを得ようとしてしまう。皮肉なことに、それが「非人間的な」レベル、つまり単なる「肉体的」な親密さのレベルのものにすぎなくても、それでもそれを得ようとしてしまう。この時、親密な関係を求める叫びは、「お願い、触れて！」というただの誘惑にすり替わってしまっているのである。そしてこの肉体的な親密さは、ほんの一歩で、見境いのないセックスへとつながるのである。

セックスによる親密さよりも、今はるかに必要なものは、実存的なプライバシーである。つまり、本当に必要なのは、一人であることを生かすように手を尽くすこと、「自分一人で存在する勇気（the courage to be alone）」を持つことなのである。創造的な孤独というものもまた存在するのである。

創造的な孤独は、何か否定的な感じのする「周りに人がいない」という事態を、積極的な意味での、瞑想する機会へと変えてくれる。この瞑想の機会を利用することによって、人は、産業化社会のあまりにも重すぎる活動的な生活への強調を埋め合わせようとしているのかもしれない。そして定期的に瞑想的な時間、沈思黙考する生活の時間を、しばらくの間過ごすのである。

このことから、本当の意味で能動的（activity）ということの対極にあるのは、受動的

(passivity) ということではなく、むしろ感受的 (receptivity) ということであるのがわかる。大切なことは、創造的に何かを創り出すことによって意味を満たすことと、何かを感受することによって意味を満たすことの適切なバランスにある。そして「感受性訓練」は、何かを感受する体験を通して意味を満たすという点では、確かに妥当なものになっている。

気に懸けてもらいたいという願いを強く持つ人に関して心配なのは、今の社会に広く行き渡っている条件のもとでその願いを実現するには、あまりに高い代償を払わなければならないということである。また、「気に懸けてもらいたい人たち」が求める純粋な関心、つまり職業倫理などに縛られず、訓練されたわけでもなくスーパーバイズされたわけでもない人たちの求める純粋な関心……それがどれほど大きなものであるかということも、すぐに想像できるだろう。

セックスにまつわる偽善をひどく嫌う時代にあって、見境いのないセックスのことを「感受性訓練」と呼んだり「エンカウンター・グループ」と呼んだりはしない。この点は注意しておくべきである。見かけは性教育のようなふりをして、実は性を売り物にしている、たとえばヌード・マラソングループなどにかかわっている人たちと、売春婦たちを比較してみたらどうだろう。むしろ売春婦たちの示す正直さの方が評価されるかもしれない。

彼女たちは、人類の利益のために仕事をしているといったふりは決してしないからである。多くの学者たちは、彼女たちが病気であり、彼女たちの病の根っ子はその貧しい性生活にあるがゆえに、それに応じた治療を受けなければならない……そう信じ込ませようとしたがるだろうけれど。

私たちは、みずからの理想的な職業倫理に従って生きたいと思いながら、そうは生きられなかったという失敗をしばしば経験する。それはそうだろう。「失敗すること」こそ、人間の条件の本質的な部分を構成しているからである。しかし、人は失敗するものだとはいえ、自分の失敗を誇りにしたりはしないだろう。にもかかわらず、ある社会では、まさにこのことが起こっている。しかも頻繁に。

フロイトが逆転移を行動化させてはならないというルールを打ち出した時、彼は自分のしていることについて、十分すぎるほどよく理解していた。このルールの例外が時々起こるというのは事実だとしても、だからと言って、その例外をルールの中に含めてしまってもよいということにはならない。

けれども、現代の親密さへの憧れが理解できないわけではない。アーヴィン・ヤーロムが指摘したように(8)、アメリカ合衆国の人口移動の激しさは、ある町からある町へ、次から次へと移り住むのが普通のことになってしまっている人々の心に、深い疎外感を生み出している。ただ私が言いたいのは、疎外には、ほかの人との関わりにおける疎外だけでなく、自分自身との関わりにおける疎外もあるということである。社会的な意味での疎外もあれば、情緒的な意味での疎外、つまり自分自身の感情からの疎外もあるのである。

あまりにも長い間、アングロサクソン系の国々で影響力を持っていたピューリタニズムのおかげで、人々は自分の感情をコントロールするだけでなく、抑えるようにさえなってしまった。似たようなことが、性本能の抑圧にも当てはまる。それ以来、フロイトの教えが広まる（「俗っぽくなる」とは言わない）につれて、振り子は正反対の方向に振れ始めた。

今日私たちは、その極端な許容の結果を目にしている。人々は本能の欲求不満も、そしてまた感情的な緊張も、我慢することなくあらわにする。「抑制できない」ということをはっきり表現する。「自分の感情を抑制することはできない。感情を表現し、その感情を他者と共有し合う。それをやめることなんかできない」と言うかもしれない。

まさにこの「抑制をはずす」という目的を達成しようとする時、「グループ」は一つの手段として役に立つ。しかしここでは、これを治療としてだけでなく、同時に一つの症状としても考えてみる必要がある。

結局「抑制できない」ということは、身体的なレベルばかりか、心理的なレベルでの欠陥を示している。身体的なことで言えば、不釣り合いな理由で笑い（泣き）始め、それを止められない動脈硬化症の患者のケース。これには、重いてんかんの患者に見られる、同じような脳の機能損傷を示すもう一つの症状、いわゆる個体距離の感覚の欠落が伴っている。この患者はすぐにみんなと親しくなり、自分のプライベートな生活を語ったり、他人のプライベートな生活を詮索したりするのをやめられないのである。

要するに、エンカウンター・グループ運動には、社会的疎外に対する反動という意味があり、また感受性訓練には、情緒的疎外に対する反動という意味がある。しかし、ある問題に対する反動が、その問題に対する解決と混同されてはならない。たとえその「反動」が治療的なものであるとわかったとしても、その治療はあくまで対症療法であり、一時的に軽くしてくれるものでしかない。悪くするとそうした治療が、逆に病気を悪化させてしまうことも起こり得る。

感情という身近な問題で言えば、感情というものは、そもそも意図して生じさせることはできない。感情は、私のよく使う言葉で言えば「意図過剰」(hyper-intention)をうまくすり抜けていくのである。このことは、幸せを例に説明するのが一番わかりやすいと思う。つまり、幸せは結果として得られるものであって、追い求めて得られるものではないのである。幸せは訪れるべくして訪れるものであって、意図して手に入れることのできるものではない。それどころか反対に、私たちが幸せを目指せば目指すほど、私たちはそれを見失ってしまうのである。

エンカウンター・グループに関する調査研究をしていた学生が私のところに編入してきていた。その学生が、あるグループに参加していた時のことをこんなふうに報告してくれた。「その時私はたくさんの人から、友だちになってくれるように求められました。しかし私は、その人たちのことを心から歓んで受け容れ、あなたたちが好きだと伝えたり、友だちになりたいという気持ちにはなっていなかったのです。にもかかわらず、私はそれに応えてしまったのです。私は自分自身を感激屋にしようとしました。しかし、それは無駄でした。感激屋の自分になろうとすればするほど、私はしらけていったのです」。

さまざまな活動や行為の中には、求められても、命令されても、指図されてもそうはできない行為があるという事実を私たちは直視しなければならない。ある種の行為は、意志のままにはなしえないのである。私たちは信じようとして信じられるものではない。希望を持てと言われて持てるものではない。愛そうとして愛せるものでもない。中でもとりわけ、何かをしようという意志そのものを、「意志」によって産みだすことはできない。それらを「意志」することはできないのである。

意志の力によってそれらを実現しようという試みは、信じること、希望、愛、そして意志といった人間的な現象に対する、まさに操作的なアプローチである。それではこの操作的なアプローチは一体どこからきているのかというと、それはこれらの現象に対する不適切な客観化、モノ化に由来しているといえよう。

このことをもう少し深く理解してもらうために、次のようなことを考えてみたい。私が言いたいのは、あらゆる主観の主要な特性についてである。つまり、主観はその自己超越的な特質、あるいは認識行為の志向的特質によって、常に認識主観の志向的相関物としての客観に、言い換えれば認識行為がたどりつこうとしている「志向対象」に関係づけられているということである。

主体が単なる〝モノ〟にされ（つまり〝物象化〈reification〉され〟）、一つの客体にされている限り、主体と密接に結びついていた志向対象は必然的に消されてしまい、その結果、結局は主体の持つ自己超越的あるいは志向的な特質も完全に失われてしまうのである。

このことは、人間に対してのみ当てはまることではなく、あらゆる人間的な現象に当てはまる。私たちが何らかの人間的な現象を実現しようとしてそれについて頭で考えれば考えるほど、ますますその志向対象は逃げ去ってしまうのである。

「リラックスする」ということもまた、それを作りだそうと試みた瞬間、私たちの手からこぼれてしまうものの一つである。このことは、リラクゼイションの訓練を体系化したJ・H・シュルツも十分計算に入れていた。シュルツは実に賢かった。彼はそのリラクゼイションの訓練の際、患者にこんなふうに指示を出す。「両手が重くなるのをイメージしてください」と。この指示が、自動的にリラックスした状態を引き出すのである。もしこの患者たちに、彼が「リラックスしなさい」と命じていたなら、患者の緊張はますます強くなっていただろう。なぜなら、患者は『リラックスしなければならない』とばかりに、一生懸命、意図的に努力してしまっていたはずだからである。

これは、劣等感の治療とも、共通するものを持っている。劣等感の克服も、直接的な努力、試みでは、決してうまくいかないのである。もし患者の劣等感を取り除くことができるとすれば、いわば回り道のような、たとえば劣等感を持っているにもかかわらず成功する経験とか、あるいは劣等感があるにもかかわらず職務を果たすという経験によってこそ可能になるはずである。

しかし、患者の中にある劣等感それ自体に患者の注意が注がれていたり、その劣等感と闘っている限り、患者は劣等感に悩み続けることになってしまう。患者の外側にある何らかの課題に、患者自身の注意が注がれるようになるやいなや、劣等感は消えていくものなのだが。

あまりに多くの注意が何かに注がれるようになることを、私は「反省過剰(hyper-reflection)」と呼んだ。これは「意図過剰(hyper-intention)」と似ている。どちらも神経症を引き起こす可能性があるからである。

しかしこの両方を、強めたりあおったりしているのは、実はエンカウンター・グループや感受性訓練といった〝グループ〟なのではないだろうか。というのも、エンカウンター・グループや感受性訓練といったグループの中で患者たちは、自分自身を丁寧に観察し、見つめるように促されており、そしてさらに重要な点は、グループのメンバー一人一人が、患者の中にあるものならどんなものでも、際限なくいつまでも、それをグループの中で話し合うようにと患者を励ましてしまうからである。「議論過剰(hyper-discussion)」という言葉こそ、こうした状況に対する一番ぴったりの用語かもしれない。

そしてこの議論過剰は、今の時代の中で見えにくくなっている生きる意味の代わりを果たすようになってきており、「実存的空虚」[9]の中で、中身のない自分に苦しみ、無意味感に苦しむ患者たちが見出しそこねている生きる意味の、代替物になってきているのである。生きる意味の代替物で誤魔化している間に、実存的空虚の中で、神経症はどんどん肥大化している。この実存的空虚が一度でも、生きる意味そのもので満たされれば、神経症は消えていくのに。

今や、シャルロッテ・ビューラーの次の言葉には、誰もが同意するよりほかないだろう。「多くの混乱と、良くない副作用があるにもかかわらず、エンカウンター・グループ運動には、きわめて重要な利点がいくつか確かに存在している。中でも、その協同の精神と相互に助け合うという精神は、大きな恩恵をもたらしてくれている[10]」。実際、きちんと理解されたエンカウンター・グループは、人生の意味について議論できるような、相互に支え合う場を確かに提供できるだろう。そんなエンカウンター・グループなら、メンバー一人一人の自己表現だけに関わるのではなく、メンバー一人一人の自己超越をも促進しうるはずである。

また、ロバート・ホルムスはこんなことを言う。「グループ・ロゴセラピーなら、莫大な配当金を支払うことができるだろう」(11)と。ここでホルムスが思い巡らしたものは、「ロゴセラピーの哲学を、実際のグループ場面で使ってみる可能性」についてである。そしてその結論として、彼は次のように言う。「自分の失敗について話し合おう。自分の中の実存的空虚について話し合おう……そんなふうに呼び掛けるグループがどんな結果をもたらすか、それを予測できる人は誰もいないだろう。しかしそれにしても、人生において避けることのできない事実、その事実の中にも人は意味を見出していくものだという人間観に立って、自分自身の物語を語ってみるようにするならば、その試みは、参加したグループのメンバーにどんな個人的な発見をもたらしてくれるだろうか」。

6　セックスの非人間化（1）

セックスについて語ろうとすれば、愛について語らないわけにいかない。しかし、私たちが愛について語る時、それが人間に特有の現象であることに留意しなければならない。また、愛を還元主義的な方法ではなく、人間性に重点を置いて考えるように気をつけなければならない。

では、厳密に言えば、還元主義とは何か。それは「人間的な現象を、人間以下の現象に変造したり、また逆に人間以下の現象から、人間的な現象を導き出そうとする、偽りの科学的手法である」と私は定義したい。たとえば、愛というものを、人間以外の動物も共有する性衝動と本能の昇華であると解釈すること。しかし、このような解釈は、人間的な現象についての真の理解を妨げるものでしかないのである。

愛とは、私が自己超越性と呼ぶさらに大きな人間的現象の一つである。(2) 今日影響力のある動機理論は、人間を、欲求を満足させ、衝動と本能を充足させ、またそれによってホメオスタシス、つまり内部の恒常性を維持し回復させることに根本的な関心がある存在だと信じ込ませたいようである。しかし実際には、そうではない。人間は、人間の本質である自己超越性のゆえに、意味の充足や愛する人との出会いに向かって自分自身を超えることにむしろ根本的な関心がある存在だ。

愛する人とめぐり会うと、その人を、目的のための単なる手段とみなしたり利用したりすることはできなくなる。その人を、リビドーや攻撃的な衝動と本能がもたらした緊張状態を軽減するための道具とみなしたり利用したりすることなど、断じてありえない。パートナーを目的のための手段とみるセックスとは、結局マスターベーションでしかない。そしてこれこそ、性神経症の患者の多くが、パートナーにどう接しているかを話す時の話そのものである。実際、患者たちは「パートナーの上でマスターベーションをする」という言葉をしばしば口にする。しかし、パートナーに対するそのような態度は、人間のセックスの特殊な、神経症的な歪みにほかならない。

人間のセックスは、常に単なるセックスという行為以上のものである。セックスを超えた何か、その身体的表現、つまり愛の身体的表現である限りにおいて、セックスはセックス以上のものなのである。セックスがこの役割を果たしている限り、それは真に価値ある経験なのだ。

マズローが「愛することのできない人は、愛することのできる人が得るような興奮を、セックスから得ることはない」(3)と指摘しているのは正しい。これに関連した質問に回答した、アメリカの心理学関係の雑誌の読者二万人によれば、性交能力とオルガズムを最も高める要因はロマンティシズム、つまり限りなく愛に近いものなのである。

しかしそうは言っても、「人間のセックスが単なるセックスという行為以上のものである」というのは必ずしも正確ではない。アイブル＝アイベスフェルトが示したように、ある種の脊椎動物の中には、性行動を（単なるセックスを超えて）群れを結びつけるために用いている例もあるからである。(4)これは特に集団で行動する霊長類にみられる。また、ある種の類人猿では、性交が集団の目的のためにだけ行なわれる場合もあるという。とはいえ、アイブル＝アイベスフェルトが述べているように、人間においては、性交は種の繁栄に貢献するだけでなく、パートナーとの一対一の関係を深めるものであることに、疑いの余地はない。

愛はまさに、その本質からして人間的な現象である。しかしセックスの方は、発展していくプロセスの結果として、すなわち少しずつ成熟していくその歩みを経て初めて、人間的なセックスになっていくのである。(5)

フロイトは、衝動そして本能の、対象と到達点を区別しているが、それを少しみてみよう。フロイトによれば、セックスの対象とはセックスを行なう相手であり、セックスの到達点は性的緊張の緩和である。私の見方からすれば、これは神経症的なセクシュアリティーを意味しているにすぎない。なぜなら、神経症的な人たちだけが、マスターベーションによって、あるいはまたパートナーをそれと同じ目的のための手段とすることによって、とにかく精子を排出しようとする。それが何より大切だと考えているのは、神経症的な人たちだけなのである。成熟した人間にとって、パートナーは決して〝対象〟ではない。成熟した人間は、パートナーの中にむしろもう一人の主体、もう一人の人間存在、つまり人間性そのものを見ている。そして、真に愛しているならば、パートナーの中に自分とは違うもう一人の人格、その人だけに備わった人格を認めることさえできるのである。この、その人だけに備わった唯一無二という特質こそ、その人のその人らしさ、個性を形づくっているものにほかならない。その人を愛して初めて、他者をこのような形で捉えることができるのである。愛だけがこれを可能にするのである。

愛する人が唯一無二の存在であることに気づけば、お互いの関係は一人の男と一人の女の関係に自然に落ち着き、パートナーはほかの誰とも取り換えることのできない、かけがえのない存在となる。これとは逆に、愛することのできない人は乱交を行なうことに終始してしまう。(6)

乱交にふけることとは、パートナーの唯一無二の人格を無視することを意味しており、そのため愛のある関係は存在しない。愛に根ざしたセックスだけが、真に価値があり充足感を与えるのだから、それを欠いている人の性生活の質は低い。そして当然のことながら、質の欠如を量によって補おうとする。そのため今度は、とどまるところのない激しい刺激を氾濫しているポルノグラフィーなどに求めることになる。

このことから、私たちは決して乱交やポルノグラフィーのような、巷にあふれる現象を称賛したり、それらを進歩的だと考えたりしていないことがわかっていただけるだろう。それらは堕落であり、人間の性的成熟における後退の徴候なのである。

また忘れてならないのは、快楽のためのセックスが進歩的だという作り話は、それが儲かる商売になることを知っている人たちによって流布されているということである。にもかかわらず、若い世代がそのような作り話にお金を払っているばかりか、その背後にある偽善に気が付いていないことに私は困惑している。

性的な問題の中にある様々な偽善が顰蹙《ひんしゅく》をかっている時代にあって、検閲からの自由を主張している人たちの偽善には、なぜ気づかれないままなのであろうか。私には不思議でならない。彼らの本当の関心は、金儲けのための無制限の自由である。それを見抜くのはそれほど難しいことだろうか。

商売として成り立つのに十分な需要さえあれば、ビジネスは成功する。セックス産業もその例であり、現代文化の中では、セックスのインフレとでも呼ぶべきものを私たちは目の当たりにしている。このことを理解しようとすれば、(動物とは違って)人間には、何をしなければならないかを教えてくれる衝動や本能がないという事実、(かつての人たちとは違って)現代人には、どうすべきかを教えてくれる伝統や価値も失われているという事実、その結果何をしたいのかさえよくわからなくなっているという事実、そしてまた広範囲に広がる実存的空虚という背景――それらを考え合わせる必要があるだろう。

このような状態によって起こる実存的空虚の中で、性的なリビドーは肥大化していく。

この肥大化こそが、セックスのインフレをもたらしているのである。ほかのどんな種類のインフレもそうだが、たとえばマネー・マーケットにおけるインフレ同様、セックスにおけるインフレも、価値の引き下げと結びついている。セックスは非人間化されると価値が下がるのである。こうしてセックスが一人一人の生活の大切な部分として組み込まれ、生きられているというより、むしろ快楽のために続けられているという傾向を私たちは見てきている。こうしたセックスの脱人格化、性生活を生きているという感覚の喪失は、実存的フラストレーション、つまり生きる意味の探求が欲求不満を起こしている徴候である。

これまでセックスの脱人格化の原因を数多く見てきたが、それではその影響はどうだろうか。生きる意味の探求にフラストレーションを感じれば感じるほど、人間はアメリカの独立宣言で言う「幸福の追求」に一心不乱になってしまう。この幸福の追求が、意味の探求のフラストレーションから生じている場合、それは陶酔と麻痺に陥り、結局自滅的でしかない。なぜなら幸福とは、自己超越性、つまり果たすべき務めや愛すべき人間への献身を、その人が貫き通したその結果としてのみ、訪れてくるものだからである。

このことが最も顕著に現われるのは、セックスの悦びの場合であろう。私たちはそれを目指せば目指すほど、悦びを見失ってしまうのである。たとえば、男性患者は自分の性交能力に関心を向ければ向けるほど、不能になってしまい、女性患者はオルガズムを感じられると示そうとすればするほど、不感症に陥ってしまいがちである。何十年もの間、私が診療の中で出会ってきた性神経症のケースのほとんどは、この状態に原因を求めることができるものである。

別のところでも詳しく述べているように、[7]性神経症の患者は、しばしば「セックスをうまくやらなければならないという要請」に自分の性神経症の原因を感じている。したがって、そのようなケースの治療は、この「セックスをうまくやらなければならないという要請」を取り除くところから始めなければならない。私はそのような治療を可能にする技術を考案し、『国際性科学雑誌』に英語で発表した。[8]

しかし、私がここであくまでも指摘したいのは、今まで述べてきたような動機により、現代の文化の中では性的な能力が盲目的に崇拝されており、さらにそこに、性神経症の患者たちが感じている「セックスをうまくやらなければならないという要請」が重なって、ついには性神経症に追いやられてしまうという事実である。

ピルの普及もまた、女性の側が要求したり自発的になることを可能にした。その結果男性の側に、セックスを何か強要されたように感じてしまうという影響も出ている。アメリカの作家たちも、女性解放運動は古いタブーや抑圧の中で生きてきた女性たちを解放したが、今や女子学生でさえも男子学生にセックスの満足感を要求するところにまで解放してしまったと非難する。この解放の結果「学生のインポテンツ」または「新たなインポテンツ」などと称される、一連の新たな問題も生じている。(9)

同じような例は人間以外の生物にも見られる。ある種の魚のメスは、性交の相手を探しているオスを見つけるといつも、「媚を売る」ように泳ぎ去る。しかし、コンラート・ローレンツは、これとは正反対の動き、つまりオスにぐいぐい向かっていくようにメスを訓練した。オスの反応はどうだったかというと、それはちょうど女子学生にぐいぐい迫られる男子学生の反応として予想されるものと同じであった。すなわち、性交がまったくできなかったのである。

ピルに関しては、副作用、それも悪い影響についてのみ論じた。しかし、その効用に目を向ければ、計り知れないほどの貢献があることも認めなければならない。セックスを人間的なものにしているのは愛だというのが真実なら、セックスが生殖に直結しないようにし、セックスを純粋に愛の表現とならしめ、またそうあり続けることを可能にしたのは、まさにピルなのである。

私たちが述べてきたように、人間のセックスは快楽主義に利するためのただの道具に成り下がってはいけない。そしてまた、生殖本能に従って目的を達成するための単なる手段であってもいけない。ピルはそのような嘆かわしい状況からセックスを解放し、その本当の力が引き出されることを可能にしたのである。

ヴィクトリア王朝時代のセックスについてのタブーと抑圧は衰退した。セックスの自由は獲得された。私たちが忘れてはならないのは、自由は責任に基づいていなければ単なるわがままと独断に陥ってしまう危険があるということである。

7　症状か治療法か？——精神科医が見る現代文学(1)

この会合〔国際ペンクラブ〕で講演するよう依頼された時、私には最初少し躊躇する気持ちがあった。それは、精神医学、しかも間違いなく時代遅れの精神医学の領域に少しだけ踏み込む現代文学の代表的な作家たちが、あまりにも多いからだ。私自身は、現代文学の領域に少しだけ踏み込む精神科医になるのは、絶対に御免こうむりたい。重要なのは、精神医学は現代文学の主題について、言うべきことを何も持ち合わせていないということである。精神医学が答えを用意しているというわけではまったくない。たとえば、今日でさえ、私たち精神科医には統合失調症の真因が何なのかわかっていない。またその治療法にいたっては、もっとわからない。私がいつも言うように、精神科医は「全知全能（omniscient and omnipotent)」の神ではない。「遍在する（omnipresence）」つまり、どこにでもいるという神性だけはあるようだが。みなさんは私たち精神科医をどこででも見かけることだろう。各地の公開討論会で、シンポジウムで、そしてこのような会合の場でも。

私は、精神医学を神聖視するのをやめ、人間的なものにすることを始めるべきだと思っている。そのためにまず最初に私たちは、人間の中の病的なものと本質的なものとの区別を学ばなければならない。別な言葉で言えば、一方での精神的あるいは情緒的な病と、またもう一方での、たとえば実存的な絶望、つまり人間存在の明らかな無意味さに対する絶望との違いを学ばなければならない。これはまさに現代文学が好むトピックではないだろうか。フロイトはかつて、「人生の意味や価値を問うた瞬間、人は病む」と言った。しかし私はむしろ、そのように問うことこそ、その人の人間らしさの現れではないかと考える。さらに言えば、人生の意味を探求するということだけが人間的なことなのではなく、人生に意味など果たして存在するのかと疑うことも含めて、それは人間にしかできない業なのではないだろうか。

ある作家が本当に病気で、しかも単に神経症だというのではなく、精神病だと私たちが診断したとしよう。果たしてそのことで、その作家の作品の真理や価値に対して異を唱える必要があるだろうか。私はそうは思わない。二×二＝四というのは、たとえ精神分裂病の人が述べたとしても真実である。同様に、ヘルダーリンの詩やニーチェの哲学の真理は、ヘルダーリンが統合失調症、ニーチェが全身麻痺を患っていたからといって、なんら損なわれるものではない。これら二つの精神病の「症例」に関して何冊も書き著わした精神科医の名前は忘れ去られても、ヘルダーリンやニーチェは末永く読み継がれ、彼らの名前は讃えられ続けると私は確信している。

病の存在は、その作家の作品に異議を唱えるものでもなければ、また弁護するものでもない。精神病のゆえに、偉大な作品を産み出した作家はいまだかつていない。むしろ精神病にもかかわらず、創造したのである。病は、それ自体で創造的であることなど、決してないのである。

最近では、現代文学を精神医学的な見地から見ること、特に無意識の精神力学の産物として見ることが流行になっている。その結果、文学作品の底にある隠れた動機を暴露することにおいて、いわゆる深層心理学が重要な役割を担うようになった。私が「プロクルステスのベッド」〔10頁参照〕と好んで呼んでいるものに作家を寝かせると何が起こるかを見てみよう。

以下は、有名なフロイト主義者がゲーテに捧げた二巻の書物についての書評からの引用である。「この一五三八ページの作品の中で、著者は天才を、躁鬱病、被害妄想、てんかん、ホモセクシュアル、近親相姦、窃視症、露出狂、フェティシズム、インポテンツ、ナルシズム、強迫神経症、ヒステリー、誇大妄想などの症状によって描いてみせてくれた。この著者は、芸術作品の底に流れる本能の力に焦点を合わせているようである。これによって私たちは、ゲーテの作品が前性器的固着の結果にすぎないと思うようになる。彼の苦闘は、理想や、美、価値を求めてのものではなく、実は早漏という面倒な問題の克服を目指すものだったのである(2)」。

いくら仮面剝がしの心理学者といえども、ことの本質に直面した時には、仮面剝がしは止めなければならない、と私は思う。もしそこで止めないならば、その心理学者によって暴露されるのは、実はその人自身の無意識の動機、いわば人間の隠れた偉大さを過小評価したいという、その人自身の無意識の動機以外のなにものでもない。

仮面剝がしの作業や暴露が、読者にとってなぜそれほど魅力的なのか不思議に思われるであろう。それは、みなさんや私、そしてほかの神経症患者と同様に、「あのゲーテでさえも——控えめに言ったとしても——神経症にすぎない」と聞けば、安心するからのようだ（他人を非難できる神経症的欠点のない人などいるはずがない、ということだ）。人間は「裸のサル」にすぎない、人間は、イドと自我と超自我のぶつかり合う舞台、衝動と本能の手先ないしは玩具、条件づけと学習のプロセスの産物、社会経済的状況や心理的な障害およびコンプレックスの犠牲者にすぎない等々。そんな解釈を聞くと落ち着くのも、ある意味では同じである。

ブライアン・グッドウィンが正確に見抜いた通り、「人間が〜にすぎないという事実に直面することは、〝良薬は口に苦し〟というのと同じくらいに人々にとって価値がある」(3)のである。また、暴露を非常に魅力的に思っている人々は、還元主義が押し付けてくる「〜にすぎない説」に被虐的な悦びを見出しているように私には思える。

話を現代文学における暴露に戻すと、文学作品を産みだす源が、正常か異常か、無意識的か意識的かに関わらず、書くという行為はそれ自体がすでに、自己表現の一つの行為とみなされている。しかし私の考えでは、書くことに先立って話すということがあり、話すということに先立って考えるということがあるはずである。そして、考える対象を持たずに考えるということはありえないし、意味するものを持たない思考というものもありえないはずである。同じことが、書くことと話すことにも当てはまる。つまり、書いたり話したりすることによって運ばれるべき意味というものに常に関連してこそ、それらも意味を持つのである。そのような伝えるべきメッセージを持っていないのならば、その言語は本当の言語とは言えないだろう。だから、「伝達手段はそれ自体メッセージだ」というのは間違っている。むしろ伝達手段を真の伝達手段にするのは、メッセージだけだと私は思う。

言語は単なる自己表現以上のものである。(4) 言語は常に、それ自体を超えた何かを指し示している。言い換えれば、言語は常に自己超越的である――人間存在自体がそうであるように。人間であるということは、常に自分以外の何か、自分以外の誰かといった、満たされるべき意味や出会うべき他者に向かおうとする存在なのである。たとえて言えば、健康な眼が、眼それ自体を見ていないのと同じように、人間もまた、自分自身を捧げることによって自己を超越し、我を忘れている時にこそ、みずからの持つ力を最大限に発揮できるのである。我を忘れることが感受性を高めることに役立ち、自己を捧げることが創造性に結びつくのである。

人間存在の自己超越的な特質のゆえに、人間は意味を探求する。言い換えれば、人間は意味への意志に支配されている。しかし今日、その意味への意志は欲求不満の状態にある。今までにないほど多くの患者が精神科医のもとを訪れ、無意味感やむなしさ、すなわち

「虚無感と不条理感」を訴える。彼らこそ現代の大衆神経症の犠牲者なのである。この無意味感はこの会合の大きなテーマと何か関連があるかもしれない。三十年に渡る比較的平和な時代は、人間が生存競争を抜け出してその向こうにあるものについて考えることを可能にしてきた。今や私たちは生存すること自体を超えた、究極の意味とは何か――もしそれがあるとすればであるが――を問うている。エルンスト・ブロッホの言葉を借りれば、「人間は今日、以前なら死の床でしか直面しなかったような命題を与えられている」のである。

暴力や薬物依存といった世界的な現象、また特に学生たちに見られる非常に高い自殺率は、どれも今日の大衆神経症の症状である。また現代文学の一部にもその症状がある。つまり、現代文学が自己表現――自己露出とは言わないが――の範囲にとどまり、それに満足している限り、その作品は作家の虚無感と不条理感を反映させているだけなのだが、問題なのは、作品がその不条理感を創り出してしまうことである。これは、意味というものが、発見されなければならないものであって、発明することはできないという事実に照らしてみれば、よく理解できるであろう。意味は創り出すことのできないものである。もし創り出されたとしても、創り出された意味などナンセンス（無意味）である。無意味感に陥った作家が、みずからの空虚を、ナンセンスと不条理で埋めたくなったとしても、さほど不思議はない。

だが、現代文学にはほかの選択もある。現代文学は、今日の大衆神経症の症状にとどまっている必要はない。現代文学は、その治療法として貢献することも可能なのである。人生の明らかな無意味さに対する絶望の地獄をくぐり抜けてきた作家なら、みずからの苦難を人類の祭壇に、生け贄として捧げることができる。そのような自己開示によって、同じ状況に苦しんでいる読者を救い、困難に打ち勝つよう、手を差し伸べることができるのである。

作家は、少なくとも読者に「共感」を呼び起こすという役割を果たすことはできる。そしてこの場合、病的な症状こそ、治療の方法となる。しかし、現代文学が治療法としての役割を果たそうとするのならば、言い換えれば、現代文学がその「治癒力」を発揮しようとするのならば、ニヒリズムを皮肉な冷笑主義に変えることは慎まなければならない。

人間存在の不条理を皮肉な態度で説くことは、作家が自分自身の虚無感を読者と共有することを正当化してしまうのと同じくらい無責任である。もし作家に「絶望に対する免疫力を読者に与える」だけの才能がないのであれば、せめて読者に「絶望という菌を植え付ける」ことだけは慎むべきである。

明日私は、オーストリア・ブックフェアーで開会の辞を述べる栄誉を与えられている。私が選んだ表題は「治療としての書物」である。言い換えれば、私は「読書による癒し」について話をするのである。私は聴衆に、書物が人の人生を変えた事例や、自殺するのを思い留めさせ、命を救った事例について話すつもりでいる。また、書物が臨終の床にある人や刑務所に入っている人を救った事例も含めようと思う。サンフランシスコ近郊にあるサン・クェンティン刑務所のガス室の最後の犠牲者であるアーロン・ミッチェルのことも話そうと思っている。

私はある期間、刑務所の所長の依頼を受けて、受刑者たちに話をしに行っていた。ある日、私が話し終わった時、一人の受刑者が立ち上がり、数日後に処刑されることになっているアーロン・ミッチェルに何か言うことはあるかと尋ねた。その問いかけは、私が受けて立たなければならない挑戦であった。私はミッチェル受刑囚に、ナチの収容所で、同じようにガス室の影に怯えながら生きていた私自身の体験を話した。私は彼に言った。私はその時でさえ、人生には無条件に意味があるという確信を捨てなかった。人生に意味があると考えれば、たとえそれが短くとも意味があることに変わりはない。もし人生に意味がないのなら、今後何年も生きていくという、そんな無意味な作業を繰り返しても、何の意味もないことになるのだ、と。「そしてどうか信じてほしいのだが」と私は続けた。「ずっと意味のなかった人生、つまり無駄に過ごしてきた人生にさえも、最後の瞬間にその状況にどう立ち向かうかという、まさにその態度によって、なお意味を与えることができるのだ」。

そして、話を具体的にするために、私はトルストイの小説『イワン・イリッチの死』の話を聞かせた。これはみなさんもご存じのように、あと数日で死んでしまうことを突然知った六十歳前後の男の話である。死に直面するだけでなく、イワンは自分が今まで人生を無駄に過ごしてきたこと、自分のこれまでの人生はほぼ無意味だったという事実――そうしたものと向き合うことで得た洞察によって、イワンは自分自身を乗り越え、自分自身以上に成長し、そのことによってついに自分の人生を、それまでの人生をも遡って、無限の意味で満たすことができるようになったのである。

アーロン・ミッチェル受刑囚は処刑される少し前、サンフランシスコ・クロニクル紙のインタヴューに応じ、その記事の中で、「トルストイのメッセージは確かに心に響いた」と述べていた。

このことからみなさんは、人が死に直面している状況はもちろん、人生の極限状態に生きている人、それればかりか、普通に生きている普通の人もまた、作家からどれほどの恩恵を受けるかお分りになるであろう。作家の社会的責任がどれほど深遠なものであるかも、お分りになるであろう。作家には言論の自由、表現の自由が認められるべきだというのは事実である。ただし、自由は最後の切札ではないし、すべてでもない。自由は、責任ある態度によってバランスがとれていなければ、独断に陥ってしまうのである。

8　スポーツ――現代の禁欲主義(1)

このテーマで、私は最も広い意味におけるスポーツについて、つまり「人間的現象としてのスポーツ」について話したいと思う。「オリンピック熱狂主義への堕落」や「商業主義による悪用」といったことではなく、もっと本質的で誠実な現象について話したいのである。ところが、スポーツと呼ばれる現象の本質に近づこうとしても、いまだに浸透している動機理論による人間把握にとらわれている限り、それはなかなか難しい。

その動機理論によれば、人間はいろいろな欲求を持っており、それを満足させるべく、要するに「緊張緩和」という最終目的に向かって進んでいるだけだというのである。つまり人間の最終目的は、「ホメオスタシス」と呼ばれる恒常性を維持あるいは回復させることにあるというのである。「ホメオスタシス」とは生物学から借りてきた概念だが、生物学の分野でも今では支持されていない。ルートヴィッヒ・フォン・ベルタランフィは、成長や生殖といった根源的な生物学的現象は、ホメオスタシスの考え方では説明できないことを明らかにした。また、クルト・ゴルトシュタインは、病的な脳だけが、無条件に緊張を取り除こうとする特徴を持っていると証明しさえした。

私自身は、人間は決してそのような内的な均衡状態にではなく、常に何かあるいは誰かといった外の世界に、主な関心を持つ存在だと考えている。それは果たすべき務めであっても良く、愛する相手であっても良い（この場合、相手は欲求の充足という目的のための単なる手段とはみなされない）。言い換えれば、人間存在は、少なくとも神経症的な異常がない限り、常に自分以外の何かを目指したり、関わっていたりするのである。私は、人間の持つこの本質的な特徴を「人間存在の自己超越性」と名づけた。自己実現も、この自己超越の副産物としてのみ可能なのである。[2]

ホメオスタシス仮説とは対照的に、私は以下の四つのテーゼを提出したいと思う。

(1)人間は緊張緩和に主な関心を持っているのではない。人間は緊張を要求しさえする。

(2)したがって、人間は緊張を探し求める。

(3)しかし今日、人間は十分な緊張を見つけられずにいる。

(4)それゆえに、人間は時に緊張を創り出す。

(1)人間は、激しすぎる緊張に身をさらすべきではない。これは言うまでもない。人間が欲しているのは、そうした緊張ではなく、適量、適度、ほど良い匙《さじ》加減の緊張である。[3] 過度でもいけないし、逆に刺激が足りなくても病気を引き起こす。この意味において、ヴェルナー・シュルテは、緊張がなくなることこそ神経衰弱の典型的な原因だと指摘した。ストレス学説の父であるハンス・セリエも、近年「ストレスは人生の隠し味である」と認めた。私としてはもう一歩先へ進んで、人間はある種独特の緊張、すなわち、人間と、充足すべき意味との間に築き上げられる類の緊張を欲していると主張したい。事実、成し遂げようとする使命が何もなく、そのような使命がもたらす独特の緊張を味わわずに済むことによって、あるタイプの神経症——精神因性の神経症——が引き起こされる場合もあるのである。

(2)したがって、人間は「緊張」そのものを探求しているのではなく、それを成し遂げることが人間存在に意味を与えるような「使命」を探し求めていることがわかる。最近の実証研究で確認されたように、基本的に人間は、私が「意味への意志」と呼ぶものに動機づけられているのである。

(3)しかし今日、多くの人々は、もはやそのような意味と目的を見つけることができないでいる。フロイトの結論とは対照的に、人間はもはや性的な欲求不満なのではなく、むしろ「実存的欲求不満」なのである。また、アルフレート・アドラーの結論とも対照的に、人間の主な不満はもはや劣等感ではなく、むしろ不条理感、無意味感、虚無感であり、私はこれを「実存的空虚」と名づけた。そしてその主たる症状は「退屈」なのである。一九世紀にショーペンハウエルは、「人類は足りなくて飢えることと、満たされて退屈することという、二つの極の間を永遠に揺れ動くよう運命づけられている[4]」と言ったが、今日私たちは退屈の極致に到達してしまった。

豊かな社会は、多くの人々に経済的な豊かさを与えたが、目的、つまり生きる意味は見えにくくなってしまった。さらに加えて、私たちは余暇社会に生きている。つまり、人々はかつてないほど多くの時間を自由に使えるようになったのである。しかし、その時間を費やすだけの意味のあることはというと、何もない。これらのことから、人間は貧困と緊張を経験せずに済んでいる分だけ、それらに耐える力を失っているという明白な結論が出てくる。最も問題なのは、自制ができないことである。しかし、ヘルダーリンが言ったように、「危険の生じるところに救いあり」である。豊かな社会の提供する緊張があまりにも少ないので、人間は緊張を創り始めたのである。

(4)豊かな社会の到来によって味わわずに済むようになった緊張を、人間はいまや人工的に創っている。自分自身に故意に要求を課し、一時的にでもストレス状態にわざとさらすことによって、人間は自分自身に緊張を与えようとしているのである。私の見るところでは、これはまさにスポーツによって果たされる機能である。スポーツによって、人間はみずからの中に非常事態を造り上げる。そうした事態を造っておいて、その次に人がみずからに求めるものは、必要のない業績、そして必要のない犠牲である。豊かさの大海の真ん中に、禁欲主義の島が現われたのである。実際のところスポーツは、現代における世俗的な、つまり宗教的要素のない禁欲主義の姿ではないかと私は思っている。

「必要のない業績」と私が言ったのは、どういう意味でか。私たちは歩く必要のない時代に生きている。車で移動すればよい。階段を上がる必要もない。エレベーターに乗ればよい。まさにこのような状況の中で、突如として人間は山に登り始めた。「裸のサル」にはもはや木に登る必要はまったくないので、故意に、自発的に登山をし、けわしい崖をよじ登るのである。オリンピックにはロック・クライミングという種目はないが、しばらくの間、スポーツとしてのロック・クライミングに的を絞ることをお許しいただきたい。

人間は、進化するにつれてもはや味わう必要のなくなったものを、ロック・クライミングによって人工的に造っているのではないか、と私は言った。ただしこの解釈は、ロック・クライミングの難易度3までの場合に限られる。難易度3以上のロック・クライミングをやったサルは、今までのところいない。ジブラルタルの絶壁を登ることで有名なサルでさえ、先週チロルやババリア出身のロック・クライマーたちが、リオデジャネイロのシュガー・ハットを初めて征服した時の大変さにはシャッポを脱ぐだろう。

ここで、ロック・クライミングにおける難易度6の技術の定義を思い出してみよう。それは「人間の可能性の極限に近い」ものだと言う。そしてこれはまさにその通りである。「究極」のロック・クライマーと言われる人は、人工的な必要性を通り越して、可能性に関心を持っている。人間の極限はどこにあるのだろうと考え、それを見つけたいと願っているのである。しかし、地平線のように、極限はどこまで行っても結局見つからない。なぜなら、人間は極限に向かって一歩ずつ進んでいくたびに、さらにそれを遠くへ押しやるからである。

スポーツの解釈はほかにもあるが、それはスポーツという現象の人間的な面を正しく評価しているものばかりではない。それらの多くは、スポーツが持つ、宗教的な要素のない禁欲主義の役割を無視するだけでなく、時代遅れで古くさい動機づけ理論に基づくものでもある。

この理論によれば、人間は世界を単なる手段としてとらえる存在だという。つまり、人間とはつまるところ、衝動や本能によって創り出された内的緊張を除去するために攻撃衝動や欲求そして本能を満足させなければならず、それを満足させるための単なる手段として世界をとらえる存在だというのである。しかし、この閉鎖系の考え方とは対照的に、人間とは、満たすべき意味や出会うべき誰かに近づいていく存在である。そしてこうしたことは人間にとって、攻撃性や性的な欲求、本能を乗り切っていくための単なる手段という意味以上のものを持っている。

衝動や欲求を乗り切っていくもう一つの方法、つまり衝動や欲求を昇華するという可能性についてはどうだろう。

攻撃性は、スポーツのような害のない活動に振り向けることによって、そちらに流してしまうことができるという幻想を私たちは持っている。そうした閉鎖系の理論に特有の幻想を私たちが抱くことについて、キャロリン・ウッド・シェリフはこんな警告をしている。「攻撃行動を連続して行なっても、その後の攻撃性が減少するということはほとんどない。むしろそれは攻撃的な反応を増幅させるのに最も効果的な方法でさえある。そしてこれを支持するしっかりした調査結果も存在している（もちろん、動物と人間、その両方の行動について研究したものである）」と。

ここまでのところで、性的な衝動だけでなく、攻撃的な「破壊衝動」も実存的空虚に根ざしていることがわかる。ロバート・リフトンは「人間は無意味感に圧倒されたと感じた時に、最も殺意を抱きやすい[5]」と述べたが、その時のリフトンは、私の考えに同意してくれているように思える。また、この仮説に有利な統計的資料もある。

さて、私の説が個々のスポーツにどのように適用できるか、それを見てみよう。人間は自分の可能性の限界がどこにあるかに関心を持っているが、限界というものはそれに近づくにつれて、地平線のようにさらに遠くへ逃げていくと私は言った。このことから、人間はスポーツのどの競技においても、実際は「自分自身と闘っているのだ」と言える。自分自身が「自分のライバル」なのである。少なくともそうあるべきだ。これは何も道徳的な意味で言っているのではない。事実に基づいた表現である。なぜなら、人は他者と競争し、打ち勝とうとすればするほど、自分の能力を発揮できなくなるからである。逆に、成功や他者に勝つといったことをあまり気にせず、自分のベストを尽くすことだけに集中すればするほど、より早く、より簡単に、成功という王冠を抱くことができるのである。

世の中には、何かほかのものを目指している時の副産物としては得られるが、直接意図すると得られなくなってしまうものがある。目標にされてしまうと、かえって得られなくなるものがある。セックスの悦びはその一例である。努力することで得られるものではない。

同じことがスポーツにも当てはまる。自分のベストを尽くすようにすれば、結果的に勝利を得やすい。反対に、勝とう勝とうと思うと、負けてしまいがちである。そういう時にはリラックスした状態を維持できず、緊張してしまっているからである。簡単に言えば、「自分こそ最高なんだ」と示そうとするのではなく、昔のウィーンの有名な喜劇にあるように、「自分と自分じゃ、どっちがすごいだろう」という姿勢で臨むのである。一九七二年のミュンヘン・オリンピックまで走り高跳びの世界記録保持者だったイローナ・グーゼンバウアーも最近のインタヴューの中で、「他人を絶対に打ち負かしてやるんだなどと、自分に言い聞かせてはならない」と言っている。

ほかの例を挙げる。サッカーのオーストリア代表チームは、ハーフタイムの時、0対2でハンガリーに負けていた。オーストリアの選手たちは、当時のコーチによれば「意気消沈し、落胆し、悲観的になっていた」。しかし、ハーフタイム後の彼らは、意気揚揚と試合を始めたのである。一体休憩の間に何が起こったのか。シュタッツニーというそのコーチは選手たちに、「まだチャンスもあるし、みんながもし本当にベストを尽くしているなら、負けていることをみんなのせいにしたりはしない」と言ったという。結果は目を見張るものだった。2対2の同点になったのである。

スポーツで、結果を最大限に引き出すには、他者と戦うのではなく、自分自身と戦うようにすることである。そのような態度と相反するのが、ロゴセラピーで言う「意図過剰」である。ロゴセラピーで言う「意図過剰」とは、何かを意図の対象にすると同時に注意の対象にしてしまうという、神経症的な習慣のことである。つまり、何かを意図するだけでなく、それが意図した通りになされているかにも注意を集中させてしまう習慣のことである。この過剰な意図を迎え撃つために考案されたロゴセラピーの技法が逆説志向である。

これは神経症の治療に使用されて成果をあげているが、アメリカの野球チームのコーチ、ロバート・コルゼップは、さまざまなスポーツにも応用できると断言している。彼は、カリフォルニア州サンディエゴにある、アメリカ国際大学ロゴセラピー研究所での自分の経験を次のように述べている。「私はスポーツのコーチで、団体競技の勝敗に関して、ロゴセラピーの及ぼす心理的状態とその影響にとても関心がある。ロゴセラピーは、運動競技の中で起こるさまざまな状況、たとえばプレッシャーのかかる状況、試合前の不安、スランプ、自信喪失、犠牲と献身、問題のある選手などに利用または応用できるのではないかと私は思っている。私のコーチとしての経験を今振り返ってみると、個人の行動ばかりでなく集団の行動も含めて、ロゴセラピーの技法で解決できたかもしれない事柄があったように思う。私は特に、逆説志向というロゴセラピーの考えが選手たちに与える可能性に熱い期待を寄せている」と。

何年も水泳のコーチをしていたウォーレン・バイヤーズもまた「ロゴセラピーの競泳への応用」について次のように報告している。

「ロゴセラピーには、実際のコーチング技術に応用できるものがある。いい泳ぎにとっての敵が緊張状態であるということは、コーチなら誰もが知っている。競技中の緊張状態の主な原因は勝利にこだわりすぎること、または成功を意識しすぎることである。選手は隣のコースの選手を負かそうと意識している。成功を意識しすぎたその瞬間、泳ぎは乱れてしまう。選手が競争相手や成功を意識しすぎると、その人自身のペース感覚より競争相手のペースの方が先行してしまう。選手はまたレースの進行を見るために相手を気にするだろう。このような問題を持つ選手にコーチする時、自分のレースを戦いぬくことの重要性を私なら強調する。私はまた逆説志向の技法を使用することもあった。

意図過剰が及ぼすマイナスの影響はほかにもある。水泳競技会の前になると、極度の不安で神経質になる選手たちを私は知っていた。彼らは、とくに試合の前になると眠れなくなるのであった。私の仕事は、彼らを落ち着かせることだった。私は反省除去（dereflection）の技法を用いて、試合に勝とうとすることから意識をそらし、自分のレースに集中するよう選手に言った。選手は、〝自分自身の最良のライバルになろうとする〟時、全力を出せるのである。以上が、ロゴセラピーを競泳の世界に応用した例、私自身のコーチとしての仕事に応用した例である。ロゴセラピーはコーチングの強力な味方になると私は思う。残念なことに、ロゴセラピーの技法に接したコーチはそう多くはないが、水泳関係の雑誌を通してもっと多くのコーチに知られるようになれば、水泳競技におけるロゴセラピーの使用は広まるに違いない。」

さてここで、かつてヨーロッパ・チャンピオンだったある選手の話に耳を傾けてみよう。「僕は七年間負けたことはなかった。その後ナショナル・チームに入った。その時から僕にはプレッシャーがかかった。僕は〝勝たねばならなくなった〟のだ。国中がそれを期待していた。レースの前はいつもひどい状態だった」。さらに意図過剰は、友情をも犠牲にして大きくなっていく。「ほかの選手（自分の仲間）たちはいつもは親友だったのに、レースの前にはお互いに憎み合っていた」のである。

これとは反対に、以前私の教え子であったスポーツ・パラシューティングのチャンピオン、キム・アダムズは、ある人気選手のことについてこう述べている。「真の選手は、自分だけを相手に戦う。今のスポーツ・パラシューティングの圧倒的な世界チャンピオンは私の幼なじみのクレイ・シェルプルだ。最終試合で、ソ連ではなくなぜアメリカが勝ったのかを分析した時、クレイは『ソ連の選手は試合に勝つために来たから負けたのだ』と淡々と言った。クレイは自分自身とだけ戦ったのだ。そして勝利したのは彼だった」。

［追記］

テリー・オーリック博士はオタワ大学のスポーツ心理学の教授である。「私はフランクルが〝逆説志向〟と呼んでいるものを薦める。不安を取り除こうとする代わりに、逆説志向はそれを保とうとするのである。そうすれば不安は勝手に消えてしまう。大事な試合が始まる前、あまりに不安で二ポンドの汗をかくほどだとしたら、四ポンドの汗をかこうとすることだ。この方法をとても有効だと考える選手も多い。大事な試合で不安になりやすい選手で、この方法が競技の支えになったと感じた例も二つあったことを思い出す。一つは、ある選手がトーナメントの前に極度の不安に襲われた時のことだ。彼は自分自身に問いかけた。『僕は何を不安に思っているのだろう』。そしてこう言い聞かせた。『どれだけ不安になれるか、みんなに見せてやろう』。そして彼が不安をつのらせようとすると、それは消え去ったのである。もう一つの例は、世界選手権での試合前、不安のあまり胃を悪くするほどだった選手の話である。彼女は、緊張を和らげる代わりにそれを最悪の状態にまでもっていこうとした。彼女は自分に言い聞かせた。『私は病気になってしまいそうなぐらい不安だ』。だがすぐに、『それって、なんてくだらないことなのかと思って、声をあげて笑ってしまいました。すると、不安は消え去ったんです』[6]。

9　はかなさと、死すべき運命——存在論的エッセイ(1)

私たちは人生のはかなさに直面すると「未来はまだ存在していない。過去はもう存在しない。真に存在するのは今だけだ」と言うであろう。あるいは「未来は無であり、過去もまた無である。人間は無から来たりて、存在へと投げ入れられ、無に脅かされているのだ」と言うかもしれない。人間存在の本質的なはかなさを考えた時、人間は果たして人生に意味を見つけられるだろうか。

実存哲学は「それは可能だ」と主張する。実存哲学が「悲劇のヒロイズム（tragic heroism）」と呼ぶものは、人生のはかなさにもかかわらず、人生にイエスという可能性である。実存主義は「今」を重視する。「今」がいかにはかないものであろうとも。

これと逆の立場が、プラトンと聖アウグスティヌスの伝統を受け継ぐ静寂主義（quietism）である。静寂主義は、「今」よりもむしろ永遠こそ、真の現実だと考える。さらに言えば、永遠とは現在、過去、未来を包み込む同時進行の世界を意味する。

言い換えると、否定されているのは、過去の現実でも未来の現実でもなく、時間という現実そのものである。永遠は四次元の世界と見られている。不変で、固定しており、運命づけられている。静寂主義によると時間は想像上のものであり、過去、現在、未来は、私たちの意識が生み出す幻想にすぎない。すべては同時に存在する。事象は時間的連続の中で次々と続いているのではない。時間的連続と見えるものは、「事象」つまり不変の現実というものが持っている様々な局面に、私たちの意識がそっと入り込むことによって創られた自己欺瞞にすぎない。事象は次々と続いて起こっているのでなく、実際は同時に存在しているというのである。

こうした静寂主義が、必然的に宿命論と結びつくのも理解できる。もし、すべてがすでに「ある」のなら、何も変えることはできないし、何をしても意味がない。不変なものへの確信から生まれたこの宿命論は、「すべては固定しておらず、変化している」という確信から生まれた実存主義のペシミズムと対をなすものである。

ロゴセラピーは、静寂主義と実存主義の中間の立場をとるのだが、これは古くから時間のシンボルとされてきた砂時計にたとえるとうまく説明することができる。砂時計の上部は、これからやってくるもの、つまり未来を表わし、狭い通路を落ちていきつつある砂は「今」を表わす。そして下部、つまり狭い通路をすでに通り過ぎた砂は過去を表わす。実存主義は、上部と下部の砂、つまり未来と過去を無視し、現在という狭い通り道だけを見つめている。逆に静寂主義は、砂時計を全体として捉えるが、砂を「流れる」ものとしてではなく、単にそこに「ある」不活性のかたまりとみなしている。

ロゴセラピーは、未来が実際には「存在しない」というのは本当だとしても、過去は真の現実だと主張する。このロゴセラピーの立場も、砂時計の譬《たと》えで説明できる。当然のことながら、すべての比喩がそうであるように、この譬えも完全ではない。しかし、まさにその不完全さによって、時間の本質を表わすことができるのである。比喩を見てみよう。

砂時計は、上部が空になった時、ひっくり返すことができる。しかし、時間については、こんなことは不可能である。時間は不可逆なのだ。そのほかの違い……私たちは砂時計を振って砂の粒を混ぜる、つまりそれぞれの粒の位置を変えることはできるが、時間の場合は部分的にのみ可能である。私たちは「振り混ぜて」未来を変えることができる。しかし過去は固定されたものである。砂時計の例で言えば、あたかも砂が一度「今」という狭い通路を通り過ぎると固まり、砂が定着剤、防腐剤、保存薬といったもので処理されたような状態になる。すべては過去に保存されつつあるのであり、過去の中で永久に保存されるのである。

人生の本質的なはかなさに思い至ることは、人生の意味を満たす可能性、つまり何かを創造し、何かを体験し、意味のある苦悩をすることにつながる。ロゴセラピーはそう主張する。一度その可能性が実現してしまえば、それはもうはかないものではなくなる。それは過ぎ去ったもの、過去で「ある」のだ。つまりそれは、過去の一部という形で現に存在しているのである。何ものもそれを変えることはできないし、また取り除くこともできない。可能性が一度でも現実になると、それは「一度きり」の現実になったのであり、永遠にそのまま残るのである。

ロゴセラピーの「過去に対する楽観主義」は、実存主義の主張する「現在に対する悲観主義」と反対の姿勢を示している。私は以前、この二つの違いを、こんな譬《たと》えで言い表わしたことがある。「悲観的な人は、壁に掛かっている日めくりのカレンダーが一日一日少なくなっていくのを、不安と悲しみでもって見ている人に似ている。一方、人生の問題に敢然と立ち向かっていく人は、日めくりを一枚ずつはがし、裏に日記のようなメモを書いた後、きちんと注意深く、前の分と一緒にファイルに綴じる人に似ている。このような人は、メモに書き留められたすべての豊かさ、精一杯生きてきたその人生を、誇りと喜びをもって振り返ることができる。その人は思う……自分が歳をとったとしても、それが何だというのだろう。目にする若者をうらやんだり、過ぎ去った自分の青春を郷愁で塗り固める理由があるだろうか。若者をうらやましく思う、どんな理由があると言うのだろう。若者には様々な可能性が用意されているからだろうか。『いや、もういい』とその人は言うだろう。『未来の可能性の代わりに、私には過去のゆるぎない事実があります。成し遂げた仕事や愛した人……。それだけではなく、勇敢に引き受けた苦難という事実があるのです。この苦難は、うらやましがられるようなものではないかもしれません。しかし、私が最も誇りに思えるものなのです』」。

若者中心の社会は、どこでも同じように、老人たちに対して侮辱的な眼差しを注ぐ。若者たちよ、そんな見方に染まってはならない。なぜなら、若者たちが長生きできて、運よく老人になれた時、今若者たちが老人に対して向けている侮辱的な眼差しは、そのまま今度は自分自身に向けられる眼差しになるのだから。

ロゴセラピーでは、「〜であってきた（having been）」ということは、現在もそうであるという一つの存在の様式であり、おそらく最も安全な存在様式であると考えている。「過去である（being past）」という言い方の中の「ある（being）」を、ロゴセラピーは強調しているのである。ハイデッガーが初めてウィーンを訪問した際、私の自宅を訪れ、これらの問題を私と話し合った。今まで述べたような、過去に関する私の考え方に賛同して、彼は自分の考えを自筆で次のように書いてくれた。

Das Vergangene geht;
Das Gewesene kommt.

私の英訳では、

What has passed, has gone;（通り過ぎただけの過去は、もう過ぎ去ってしまった）
What is past, will come.（けれど生き抜かれた過去は、やってくる。）

ロゴセラピーの存在論、特に時間の存在論の具体的な適用について考えてみよう。

結婚後わずか一年で夫を亡くした女性がいるとする。彼女は絶望し、今後の人生に何の意味も見出せない。そのような人にとって、一年間の結婚生活の至福が奪い去られることは決してないのだということに気づくことはとても重要である。彼女はいわば結婚生活の至福を救い出し、過去へと収めたのである。この宝物は何をもってしても、そしてまたどんな人によっても、彼女から奪うことはできない。たとえ子どもを持たないままだとしても、最高の愛の経験が過去の引き出しに大切に収められたなら、彼女の人生は無意味にはなりえない(2)。

しかし、この思い出もまたはかないものではないかと言われるかもしれない。たとえば、この未亡人が死んだ後、誰がそれを覚えているのか？

この問いに、私はこう答えたい。私たちが何かを見つけたり、それについて考えたりしているかどうかとは無関係に、その何かは存在し身近にあるのとちょうど同じように、誰かが覚えているかどうかは、存在にとってどうでもいいことではないかと。私たちがそれを見たり考えたりすることとは無関係にそれは現に存在しており、また存在し続ける。私たちの存在にさえも関係なく、それは存在し続けるのである。

死ぬ時に何も持っていけないというのは、確かに事実である。人生のすべて、死の瞬間に完結する人生のすべては、墓の中にはない。すべては墓の外側にあり、墓の外側に「残る」のである。それは、過去に流れ込んでいくけれども残るというのではなく、過去に流れ込んでいくからこそ残るのである。私たちが忘れてしまったこと、私たちの意識からすり抜けていったことでさえ、この世から消し去られることはない。それは過去の一部となり、この世の一部であり続けるのである。

誰もが記憶している事柄のうち、何が過去の一部になっているかを特定しようとすること自体、時間の存在論についての誤解である。この時間の存在論は、抽象のレベルの高い、浮き世離れした象牙の塔の存在論ではなく、ソクラテス的な対話法を使えば、普通の人でも十分納得してもらえるようなものである。

それを示す例がある。ある患者と講義の中で面接したことがあった。その患者（女性）は、人生のはかなさについて不安を訴えていた。「遅かれ早かれ人生は終わり、そして後には何も残らない」と彼女は言った。人生がはかないものであるからといって、人生の意味がそこなわれることは絶対にないということを、私は彼女に納得してもらえなかった。そこで私は彼女に、さらに次のように質問した。「あなたが本当に尊敬できるような、そんな業績を成し遂げた人に、今までに出会ったことはありますか？」と。「はい、もちろんです」と彼女は答えた。「わが家のホームドクターはすばらしい人でした。彼が患者のためにどのように手を尽くしたか、どれほど患者たちのために生きたか……」。「そのお医者さんは亡くなったのですか？」と私は尋ねた。「はい」と彼女は答えた。「彼の生涯はおおいに意味のあるものだったのではないですか？」と私は尋ねた。「もし誰かの人生に意味があるとしたら、彼の人生には意味があったと思います」と彼女は言った。「でもこの意味は、彼の生涯が終わると同時になくなってしまったのではないですか？」と私は彼女に聞いた。「いいえ。決して」と彼女は答えた。「彼の人生が意味にあふれるものだったという事実を変えることはできません」。しかし、私は続けて彼女に挑んだ。「もし患者が誰もホームドクターの尽力に感謝しなかったらどうでしょう？」「あの先生の人生の意味は残ります」と彼女は口ごもった。「患者の誰一人として、それを覚えていなかったらどうでしょう？」「それでも先生の人生の意味は残ります」。「いつか彼の患者だった人がすべて死んでしまったらどうでしょうか？」「それでも、残ります」。

もう一つの例を、私とある患者（女性）との面接の録音記録から引用したい。(3) 彼女は末期癌を患っており、そのことを自分でも知っていた。私がこの講義でデモンストレーションを行なった時、次のような会話が進められた。

フランクル　あなたの人生を振り返ってみて、どうですか。人生は、生きるに値するものでしたか。

患者　そうですね、先生。私は良い人生を過ごしてきた、と言っていいと思います。人生はすばらしいものでした。本当に。人生が私に与えてくれたものについて、神に感謝しています。劇場に行ったり、コンサートに行ったりしました。先生もご存じのように、最初はプラハ、その後ウィーンで何十年も、家政婦として働いた家の家族と一緒でした。こんなすばらしい経験を与えてくれた神に感謝しています。

この言葉にもかかわらず、彼女は人生の究極の意味について疑いを持っているように感じられた。しかし私は、その疑いを通して彼女を救いへ導きたいと思った。そこで私は、疑いを抑えるのでなく、彼女に意識のレベルで人生の意味を問わせるようにした。

フランクル　あなたはご自分のすばらしかった経験について語っておられますが、それらの経験もすべて終わってしまうのですね。

患者　（考え込んで）ええ、すべてが終わります……。

フランクル　では、あなたの人生のすばらしかったことはすべて滅びてしまうとお考えですか。

患者　（さらに考え込んで）すべてのすばらしかったこと……。

フランクル　いかがでしょう。あなたがこれまでに経験してきた幸せを、誰かが打ち壊してしまうことはできますか。誰かが消し去ってしまえますか。

患者　いいえ、先生。誰も消し去ることなどできません！

フランクル　あなたが人生で出会った良いことを、誰かが消し去ってしまえますか。

患者　（次第に感情的になって）誰もそれを消し去ることなどできません！

フランクル　あなたが努力して得たもの、果たしてきたこと……

患者　誰もそれを消し去ることなどできません！

フランクル　あなたが勇敢に、そして誠実に悩んだことを、誰かがこの世から取り除くことはできますか。あなたはそれを過去にいわば蓄えているのですが、それを過去から取り除くことはできますか。

患者　（感動して涙を流しながら）誰もそれを取り除くことはできません！……（沈黙の後）……確かに私はとても悩みました。でも勇気を持って、しっかりと、耐えなければばならないことに耐えていこうとしたのです。先生、私は自分の苦しみを罰だと思っています。私は神を信じているのです。

フランクル　（患者の立場になろうとして）しかし苦悩は、時には挑戦的なものなのではないでしょうか。神は、アナスタシア・コテク〔患者の名前〕が、それにどのように耐えているかを見たがっているとは考えられないでしょうか。神はおそらく「そうだ、彼女はとても勇敢にやってのけた」と認めるに違いありません。さあ、どうですか。そのような努力や達成を、誰かがこの世から取り除いてしまうことはできるでしょうか、コテクさん。

患者　確かに。誰もそんなことできません！

フランクル　それは残り続けるのではありませんか。

患者　そうです。残り続けます。

フランクル　人生において大切なのは、何かを成し遂げることです。そしてそれは、まさにあなたが行なってきたことなのです。あなたは自分の苦しみにもかかわらず、ベストを尽くしてきました。あなたは自分の苦しみを引き受けて、私たちの患者の模範になったのです。私は、あなたが成し遂げたことを祝福します。私はまた、あなたという模範を見ることができたほかの患者さんたちのことも祝福します。

（学生たちに向かって）この人を見たまえ。（学生たちから自然に大きな拍手が沸き起った。）この拍手は、コテクさん、あなたへのものです。（彼女はすすり泣いている。）偉大な業績だったあなたの人生に対する拍手です。あなたはそれを誇っていいのです、コテクさん。そして、自分の人生を誇りに思える人のどんなに少ないことか。あなたの人生は不朽の業績なのです。誰もそれを取り除くことなどできないのです。

患者　（気を落ち着かせながら）フランクル先生、あなたが話して下さったことは慰めになります。私を楽にしてくれます。このようなことを聞く機会は本当に初めてのことです。（ゆっくりと、静かに彼女は講義室を後にした。）

一週間後、彼女は亡くなった。しかし、人生の最後の一週間、彼女はもはや絶望しておらず、それどころか、確信と誇りに満ちていた。この面接の前、彼女は自分は無用の存在なのではないかという不安に駆られ、苦悩していた。しかし、彼女は私との面接で、自分の人生には意味があり、自分の苦しみさえ無駄ではなかったことに気づいたのである。

彼女の最後の言葉は次のようなものだった。「私の人生は不朽の業績です。フランクル先生がそのように講義室のみなさんに、学生たちに言って下さったのです。私の人生は無駄ではなかったのです。(4)」

すべてがつかの間のはかないものだというのは本当である。すべてのもの、そしてすべての人間、私たちの子ども、あるいは子どもの誕生に結びつく愛や偉大な思考も、それらはすべて、つかの間のはかないもの。人間の一生はたかだか七十年か八十年。良い人生であれば、苦労するだけの値打ちはあったと思えるだろう。また、思考が続くのはおそらく七秒間ぐらいのもの。すぐれた思考ならば真実を含んでいるだろう。しかし、偉大な思考でさえも、子どもや愛と同じく、つかの間のはかないものである。それらはすべて、つかの間のもの。すべてのものが、はかないのである。

ところが一方では、すべては永遠である。いや、それ以上である。すべてはひとりでに永遠になるのである。私たちはそれについて何もしなくてよい。私たちがいったん何かを成し遂げれば、後は永遠が世話をしてくれる。ただし、「何をなすか」「何を過去の一部にするか」「何を永遠になるようにするか」――それらを選択してきたことについての責任は、私たちがとらなければならないが。

すべては永遠の記録として書き込まれる。私たちの人生のすべて、創りだした作品、成し遂げた行為、出会いと経験、愛と苦悩。これらすべては永遠の記録に刻まれ、残されるのである。世界は、偉大な実存主義の哲学者カール・ヤスパースが言うような、私たちが解読しなければならない暗号で書かれた原稿なのではない。そうではなく、世界はむしろ、私たちによって書き込まれ、私たちによって創られていく記録なのである。

人生は、日々私たちに問いを投げかけてくる。それゆえ、この記録はドラマチックである。私たちは、人生の方から問われているのであり、それに答えていかなければならない。言わば、「人生とは、生涯にわたる問いと答えの繰り返し」である。そして、答えに関しては、生涯をかけて答えていくことだけが可能なのだ、と何度でも言っておこう。このようにして人生に「応えていく」ことこそ、自分の人生に対して「責任を持つ」ということなのである。

永遠の記録は失われることがない。これは慰めであり、希望である。しかし同時に、修正することもできない。これは戒めであり、暗示である。過去からは何も取り除くことができないからこそ、どのような可能性を選択し、過去に保存するのかは、私たち自身にかかっているのである。「修正することができない」というのは、「私たちに課せられた、この責任の重さを思い出しなさい」という暗示なのである。

このことから、ロゴセラピーが（実存主義の「現在の悲観主義」とは対照的な）「過去の楽観主義」だけでなく、（静寂主義の「永遠の宿命論」とは対照的な）「未来の実践主義《アクティヴィズム》」をも提唱していることがわかっていただけるだろう。もし、すべてが永久に過去に保存されるのならば、何を過去の一部にして永遠化したいのか、それを今現在において決定することが重要である。これが、創造性を生み出す秘訣である。つまり私たちは、何かを、未来という無から「過去という有（being past）」に移していっているのである。したがって人間の責任性は、未来から可能性を選択する「未来の実践主義」と、可能性を過去という避難所へ救い出すことによって揺るぎない現実にする「過去の楽観主義」に基礎を置いているのである。

すべては過ぎ去る。これこそ、すべてがこれほどむなしい理由である。すべては未来という無から、過去という安全地帯へ流れ込もうとして、すべては過ぎ去る。それはあたかも、古代の物理学者が言った「ホロール・ヴァクイ」（「真空嫌悪」あるいは「空虚の恐怖」。「自然は真空を排除しようとする」という考え方）によって、すべてが支配されているかのようである。すべては未来から過去へ、未来の空虚から過去の存在へと、せわしなく進んでいくのである。その時当然のことながら、「現在という狭い通路」では混雑が生じる。そこではすべてのものが堰き止められ、集まって、運ばれるのを待っているからである。過去へ手渡される事柄、永遠の世界に入ることを許された私たちの創りだしたものや行為が、そこにひしめいているのである。

現在とは、未来という非現実と、過去という永遠の現実との境界線である。その上さらに、この境界線は永遠というものの「境界線」でもある。言い換えれば、永遠というものも有限なのである。永遠は、現在の方にだけ向かって延びている。何を永遠の世界に入れるべきかを選択するその現在の瞬間の方にだけ向かって延びている。つまり、永遠というものの境界線とは、私たちが人生のそれぞれの瞬間において、何を永遠化すべきか、すべきでないかを決定する場所なのである。

私たちは、物事を未来に先延ばしする時、「時間をかせぐ(gain time)」という言い方をする。しかし、それが大きな誤りであることに今や気づいている。未来に先延ばしにしても、時間を「かせぐ(手に入れる)」ことはできない。むしろ私たちは、物事を過去の中へと安全に運び、過去の中にそっと収めることによって、時間を「蓄える《セーブ》」のであり、そのようにして私たちは時間を「救う《セーブ》」のである。

話を再び砂時計の譬《たと》えに戻そう。すべての砂が狭い通り道を抜けて上部が空になった時、つまり時間が過ぎ、人生が完結した時、何が起こるのか。要するに、死ぬとどうなるのか。死においては、過ぎ去ったすべてのことが固定される。もはや何も変えることはできない。人間が自由にできるものは何もない。心もなく、体もない。死によって、心理―身体的自我は失われるのである。しかし、残されているものがある。以前のまま残っているものがある。それは自己、スピリチュアルな自己である。

多くの人は、人は死ぬ間際に、自分の一生を一瞬のうちに「早送り」の映画のように観ると信じている。(5) この譬えをさらに突き詰めると、人間が死ぬ間際に一瞬のうちに観るその映画は、その人そのものになると言ってもいいだろう。その人は今や、その人の人生そのもので「あり」、たとえそれが善いものだったにせよ、悪いものだったにせよ、わが人生という歴史になったのである。その人自身が、その人なりの天国あるいは地獄そのものになったのである。

このことは、過去こそ、人間にとって真の未来であるという逆説につながる。生きている人間には、未来と過去の両方がある。死んだ人間には、普通に言う意味での未来はない。過去しかない。しかし、死者はその人の過去で「ある」。つまり死者は過去として「存在」するのだ。死者に人生はない。しかし死んだ人それ自身が人生で「ある」。死者には過去の人生「だけしかない」かもしれないが、そのことには何の問題もない。なぜなら過去こそ、最も安全な存在様式だからであり、過去こそ、まさに取り除くことのできないものだからである。

過去は、文字通り「過去完了」である。人生は完了し、完結したのである。生きている時には「既成事実」が一つずつ、砂時計の狭い通路を通り過ぎていたのだが、死の瞬間、過ぎ去った人生は一体となり、「完全な既成事実」となるのである。

このことが第二の逆説につながっていく。しかも今度は二つある。

一つは、すでに言ったように、人間は何かを過去に収めることによって一つの現実にするというのがもし本当であれば――皮肉にも、過去に送ることで、その時限りというはかなさから「救い出す」のであるが――、自分自身を一つの現実にする、つまり自分自身を「創る」のもまた人間だということになる、という点である。

もう一つの逆説は、人間は生まれた時一つの現実になるのではなく、むしろ死ぬ時に現実になるのだ、という点である。つまり人間は、死のその瞬間において、自分自身を「創っている」のである。自己とは、なんらかの「状態（be）」ではなく、何かになっていく「生成（becoming）」である。それゆえに人間の自己は、死によって人生が完結する時に、初めて完成するのである。

日常生活の中で私たちは、死の意味を誤解しがちである。朝、目覚まし時計が鳴って夢から揺さぶり起こされる時、私たちは、夢の中に何か恐ろしいものが押し入ってきたかのように感じる。そして、夢から覚めないまま、自分が現実の存在、現実の世界に生きる存在であることを、その目覚まし時計が思い出させてくれたのだとは（少なくとも即座には）気づかない。私たち死すべき運命にあるものが死にゆく時、ちょうどこれと同じことを体験しているのではないだろうか。死が、自己の現実に目覚めさせてくれるということを、私たちは忘れているのではないだろうか。

たとえ慈しみいたわる手が、私たちを揺り起こそうとしてくれているのだとしても、そしてそのしぐさがとても優しいものだったとしても、私たちはその優しさに気づかない。もう一度言おう。死において私たちは、私たちを目覚めさせようとする何かが夢の中に入ってくるのを経験するだけなのだ。しかし私たちは、死ほど恐ろしいものはないと思っている。私たちを揺り起こそうとするその手の優しさに気づけないように、死がどんなすばらしいものを呼び起こしてくれるのかという、そのことには、なかなか気づけないのである。

原註

はじめに

（1）*Psychotherapy and Existentialism: Selected Papers on Logotherapy*, Simon and Schuster, New York, 1967.〔高島博・長澤順治訳『現代人の病――心理療法と実存哲学』丸善、一九七二年〕*The Unconscious God: Psychotherapy and Theology*, New York, Simon and Shuster, 1978〔*Der unbewußte Gott*, 1948 の英語版。佐野利勝・木村敏訳『識られざる神』（フランクル著作集7）みすず書房、一九六二年〕

（2）フロイト自身、みずからの本能論を「神話」と言い、本能のことを「神話的」な実体と呼んでいることを考えれば、「神経症の脱神話化」という表現も、こじつけが過ぎるとは思わない。

（3）*Psyche*, XXX, 10, 1976, pp.865-98.

（4）*American Psychological Association Monitor*, May 1976.

1　意味への叫び

（1）この章は、一九七七年二月十三日、カリフォルニア大学バークレイ校で行なわれた講義「意味による治療」をもとにまとめたものである。

（2）講義の後の質疑応答の時に私がとっさにした答えを繰り返しておこう。「私自身に関して言えば、反動形成のためを思って人生を組み立てるつもりもなければ、防衛機制のために死ぬつもりもない」。

（3） こうしたことに対応することは、系統発生的なレベルより、むしろ個体発生的なレベルの上で起こる。以前ハーバードで私の助手をしてくれていた人が教えてくれたのだが、ハーバードの大学院生たち、つまり成功し誰の目にも明らかな幸せの中を生きているハーバードの大学院生たちの間に、かなりの割合で、自分たちのこの成功は何のためだったのかと問いながら、深いむなしさを訴える学生たちがいるというのである。このことは、今日しばしば話題にのぼる「中年の危機」といわれるものが、基本的には意味の危機であることを示唆しているのではないだろうか。

（4） Camus, A., *The Myth of Sisyphus*. New York,Vintage Books, 1955, p.3.〔清水徹訳『シーシュポスの神話』新潮文庫、一九六九年〕

（5） 未刊行論文。

（6） 次の文献を見よ。Louis L. Klitzke, "Students in Emerging Aflica: Humanistic Psychology and Logotherapy in Tanzania", *American Journal of Humanistic Psychology*, 9, 1969, pp.105-26; Joseph L. Philbrick, "A Cross-Cultural Study of Frankl's Theory of Meaning-in-Life", paper presented to a meeting of the American Psychological Association.

（7） *American Psychological Association Monitor*, May 1976.

（8） United States International University, San Diego, January 1973.

（9） United States International University, 1970.

(10) Crumbaugh, J. C., "Changes in Frankl's Existential Vacuum as a Measure of Therapeutic Outcome", *Newsletter for Research in Psychology*, 14, 1972, pp.35-37.

2 意味への意志

(1) Frankl, V. E., *Der unbedingte Mensch: Metaklinische Vorlesungen*, Vienna, Franz Deuticke, 1949.〔春秋社近刊〕

(2) Maslow, A. H., "Comments on Dr. Frankl's Paper", in Anthony J. Sutich and Miles A. Vich, eds. *Readings in Humanistic Psychology*, New York, The Free Press, 1969.〔小口忠彦編訳『人間性の探究』産業能率短期大学出版部、一九七七年〕

(3) Anatole Broyard, in *The New York Times*, November 26, 1975.

(4) ＰＩＬテストについては、Psychometric Affiliates, P.O.Box 3167, Munster, Indiana 46321.〔なお、日本語としては、岡堂哲雄監修『生きがい――ＰＩＬテストつき』河出書房新社、一九九三年、参照〕

(5) Jacobson, R. L., *The Chronicle of Higher Education* (Washington, D.C.: American Council on Education, January 10, 1972).

(6) *Los Angels Times*, February 12, 1971.

(7) Katz, J., in *Psychology Today*, Vol.5, No.1.

（8） *Kurier*, August 8, 1973.

（9） アウシュヴィッツやダッハウのような極限状況において、人間を支える何かが存在したとすれば、それは「人生には満たされるべき意味がある。今はわからないかもしれないが、いつの日か満たされるべき意味が、人生にはあるのだ」という自覚である。しかし、意味や目的は、生き残るためのただの必要条件に過ぎず、十分条件ではなかった。何万もの人々が、意味や目的という展望を持っていたにもかかわらず、死ななければならなかった。信念が命を救うことはできない。しかし、その信念は、真っすぐに顔を上げて死に向かいあうことを可能にしたのである。だからカリフォルニア、バークレイのフランクル・ライブラリー開設にあたって、彼らに賛辞を贈ることが私は適切だと思った。その時、管理の人に寄贈品として、私はアウシュヴィッツから持ってきた土と灰を贈った。私は次のような言葉を添えた。「この土と灰は、英雄としてアウシュヴィッツを生き、殉教者としてアウシュヴィッツに死んだ人々の死を心から悼み、心から讃えるものです。数えきれない勇気ある行為の一つ一つ、殉教者の苦難の一つ一つはすべて、次のことを証明してくれています。アウシュヴィッツのような極限状況の中でも、そしてまた毒ガスの部屋で死に直面する時でさえ、人は意味を見出し、意味を満たすことができるのだということを。そうした力が人間にはあるのだということを。想像を絶する苦しみから、人生は無条件で意味を持っているのだという認識が生まれ、広がっていきますように」。

3　生きる意味

（1）本書7「症状か、治療法か」の中で、サン・クェンティン刑務所の受刑者たちに話をした時のことに触れた。この時に『イワン・イリッチの死』を引用しながら話をした。

（2）Frankl, V. E., *Homo Patiens: Versuch einer Pathodizee*, Vienna, Franz Deuticke, 1950.〔真行寺功訳『苦悩の存在論――ニヒリズムの根本問題』新泉社、一九七二年〕

（3）ホモ・パチエンスの次元は、ホモ・サピエンスの次元と単に違っているというだけでなく、むしろすぐれたものでさえある。ホモ・パチエンスの次元は、より高い次元にあると言えよう。なぜなら、自分の運命をもはや変えられない時でさえ、ホモ・パチエンスは自分自身を変えることによって、つまり自分自身を乗り越え、自分自身を超えて成長することによって、あらゆる人間の可能性の中で最も創造的な力を働かせていることになるのだから。

4　決定論とヒューマニズム

（1）Lorenz, K., *Über tierisches und menschliches Verhalten*, Munich, 1965, pp.363 and 372.

（2）Magda, B. A., *The Human Person*, New York, 1954, p.40.

（3）Freud, S., *The Ego and the Id*, London, 1927, p.72.

（4）さらに言えば、心理学者の中には重要視する人もいるが、初期の幼児体験が、後の宗教生活に与える影響はそれほど決定的なものではない。父親イメージによって、一義的に神の概念が決定されるなどということはほとんどない。以前、ウィーンのポリクリニック病院のスタッフにお願いして、外来にやってきた患者を対象に調査をしてもらったことがあった。その結果、二十三人の患者は肯定的な父親イメージを持っていたが、十三人のそれは、否定的なものであった。その中で自分の宗教的な深まりにとって、父親イメージが大きな役割を演じていると認めたのは、肯定的な父親イメージを持っていた人のうち十六人、否定的な父親イメージを持っていた人のうち二人だけであった。

調査対象になった患者全体の半数は、父親イメージとは無関係に、宗教観を深めていっていた。貧弱な宗教生活の原因が必ずしも常に、否定的な父親イメージにあるわけではない。また、最悪の父親イメージでさえ、神との間に健全な関係を確立するのを妨げるものではない（Frankl, V. E., *The Will to Meaning*, New York and Cleaveland, 1969, p.136f〔大沢博訳『意味への意志』ブレーン出版、一九七九年〕）。

「真理はあなたを自由にしてくれるだろう」という聖書の言葉〔ヨハネ福音書8・31〕は、「本当の意味で宗教的であれば神経症から自由になれる、神経症にはなりませんよ」と保証しているわけではない。逆に言えば、神経症ではないということが、その人の宗教生活が本当のものだと証明してくれるわけでもない。三年前この問題について、メキシコのベネディクト修道院の院長と話をする機会があった。その院長は、修道士はフロイト派の精神分析をきちんと受けるべきであると主張していた。その効果はいかに。結果は、修道院にとどまることのできた修道士は、たった二〇％になってしまったと言う。もし精神科医に対して同じように、神経症的な傾向のスクリーニングを行なえば、はたしてどれだけの数の精神科医が残れるだろう。あなたたちの中で、神学者であれ精神科医であれ、神経症的な傾向のまったくないという人が、まず私に向かって石を投げていただこう〔ヨハネ福音書8・7のもじり〕。

（5） Fabry, J. B., *The Pursuit of Meaning*, Boston, 1968, p.24.〔高島博監修・永盛一訳『意味の探究』潮出版社、一九七六年〕

（6） Rogers, C. R., "Discussion", *Existential Inquiries.* Vol.1, No.2, 1960, pp.9-13.

（7） Spiegelberg, H., *The Phenomenological Movement*, Vol.2, 1960, p.721.

（8） Skinner, B. F., *Beyond Freedom and Dignity*. New York: Alfred A. Knopf,1971, p.201.〔波多野進・加藤秀俊訳『自由への挑戦』番町書房、一九七二年〕

ルートヴィッヒ・フォン・ベルタランフィは次のように言う。「『豊かな社会』の経済的な発達は、操作なしには存続しえないだろう。人間を巧みに操作して、スキナーのねずみに、ロボットに、自動買物人間に、緊張を低減する方向に動く適応主義者や御都合主義者に改造し続けることで初めて、『豊かな社会』はこれからもずっとＧＮＰを増大し続けることが可能になるのである。ロボットとしての人間という考えは、工業化された大衆社会を表現するものであると同時に、工業化社会を強力に推し進める力そのものであった。その人間観は、商業、経済、政治、その他の広告、宣伝といったものの行動工学のための基礎をなしていた」（von Bertalanffy, L., "General System Theory and Psychiatry", in Silvano Ariety, ed., *American Handbook of Psychiatry*, Vol.3, pp.70 and 71）。

(9) Gray, R. N. et als., "An Analysis of Physicians' Attitudes of Cynicism and Humanitarianism before and after Entering Medical Practice", *Journal of Medical Education*, Vol.40, 1955, p.760.

(10) Wilder, J., "Values and Psychotherapy", *American Journal of Psychotherapy*, Vol.23, 1969, p. 405.

(11) Weisskopf-Joelson, E., "Relative Emphasis on Nine Values by a Group of College Students", *Psychological Reports*, Vol.24, 1969, p.299.

(12) Becker, E., *The Denial of Death*. New York, Free Press, 1974, p.272.

(13) *"In praecordiis sapientiam me doces."*

(14) Weisskopf-Joelson, E., "Paranoia and the Will-to-Meaning", *Existential Psychiatry*, Vol.1, 1966, pp.316-22.

5 出会い（エンカウンター）論

(1) Bühler, M. and Allen, M., *Introduction into Humanistic Psychology*, Belmont: Brooks/Cole, 1972.

(2) 一九三〇年代の初めに、私はこのことにうまく当てはまるケースをウィーンの応用心理学会で発表している。

(3) Spiegelberg, H., *Phenomenology in Psychology and Psychiatry*, Northwestern University

Press, New York, 1972.〔西村良二・土岐真司訳『精神医学・心理学と現象学』金剛出版、一九九三年〕

（4） Frankl, V. E., *Man's Search for Meaning: An Introduction to Logotherapy*, Beacon Press, Boston, 1962〔*Ein Psycholog erlebt das Konzentrationlager*, 1946 の英語版、霜山徳爾訳『夜と霧』みすず書房、一九六一年〕; *Psychotherapy and Existentialism: Selected Papers on Logotherapy*.〔前掲『現代人の病』〕

（5） これは、自己離脱という、人間だけに固有の能力の現われである。自己超越性の方は、攻撃性とは対照的に、憎しみというものが志向的なものであるという事実においてすでに示されている。

（6） Frankl, V. E., *The Doctor and the Soul: From Psychotherapy to Logotherapy*. Bantam Books, New York, 1955, p.282.〔*Ärztliche Seelsorge*, 1946 の英語版。霜山徳爾訳『死と愛』みすず書房、一九五七年。原書および邦訳書にはＰＩＬテストについては記されていない〕

（7） Frankl, V. E., *Psychotherapy and Existentialism*.〔前掲『現代人の病』〕

（8） Yalom, I. D., *The Theory and Practice of Group Psychotherapy*, Basic Books, New York, 1970.

（9） Frankl, V. E., *The Doctor and the Soul*.

（10） Bühler, Ch., "Group psychotherapy as related to problems of ourtime", *Interpersonal Development*, 1, 1970, pp.3-5.

（11） Holmes, R. M., "Alcoholics anonymous as group logotherapy", *Pastoral Psych.*, 21, 1970, 30-36.

6　セックスの非人間化

（1）この章は、浅井正昭・相馬均・南博編『現代人の病理　第5巻　エロスの臨床社会心理学』（誠信書房、一九七四年）のために書かれた“Love and Society”という論文に訂正補筆したものである。

（2）Frankl, V. E., *Man's Search for Meaning*.〔前掲『夜と霧』〕

（3）Maslow, A. H., *Religions, Values, and Peak-Experiences*. Columbus, Ohio State University Press,1964, p.105.〔佐藤全弘・佐藤三郎訳『創造的人間』誠信書房、一九七二年〕

（4）Eibl-Eibesfeldt,I., *Frankfurter Allgemeine Zeitung*, February 28, 1970.

（5）Frankl, V. E., *The Doctor and the Soul*.〔前掲『死と愛』〕

（6）マスターベーションが緊張の緩和を目的にして満足することを意味しているように、乱交はパートナーをモノとみなして満足することを意味する。どちらも人間の性交能力を高めるものではない。

（7）Frankl, V. E., “The Pleasure Principle and Sexual Neurosis”, *The International Journal of Sexology*, 5, 1952, p.128; Frankl, V. E., *The Doctor and the Soul*.

（8）Frankl, V. E., “The Pleasure Principle and Sexual Neurosis”.

（9）Ginsberg, G. L., Forsch, W. A. & Shapiro, T., “The New Impotence”, *Arch. Gen. Psychiat.*, 26, 1972, 218.

「女性はオルガズムについて学んだ」とニューイングランドのセクシュアル・ヘルスセンターの所長ナイルス・フリードマンは言う。「うまくできるだろうかという不安やうまくできなかったらどうしようという恐れを生むくらい、性行為そのものが不必要に強調されている。性的不能の増加の少なくともその一部は、男性が女性の期待に添おうと望むことに起因している」。またデナ・Kは、アメリカ家族関係研究所の報告書の中で、女性の側からの過度の要求を厳しく非難している（ニューズウィーク紙、一九七八年一月十六日）。

7　症状か治療法か?

（1）この章は、一九七五年十一月十八日、ウィーンのヒルトンホテルで開催された国際ペンクラブの会合において、来賓としておこなった講演である。

（2）*Journal of Existentialism*, 5, 1964, p.229.

（3）Goodwin, B., "Science and Alchemy", Theodor Shanin (ed.), *The Rules of the Game: Crossdisciplinary Essays on Models in Scholary Thought*. London: Tavistock Pub., 1972, p.375.

（4）唯一の例外は、統合失調症の患者の言葉である。私は数年前、統合失調症患者の言葉が、なんらかの対象に向けられているのではなく、話題の雰囲気を表しているにすぎないことを実験によって示した。

8 スポーツ──現代の禁欲主義

（1）一九七二年、ミュンヘン・オリンピック大会主催による科学会議での講演。
（2）ここで言う「自己超越性」を、いかなる宗教的な意味での超越性とも混同してはならない。「自己超越性」は、人が自分自身を忘れ、自分自身を捧げるほど人間的であるという事実のみを指す。
（3）人間存在は、その自己超越性によってだけでなく、自己離脱性という能力によっても特徴づけられる。現実と理想の間にある隔たりも、人間存在に固有のものだと言えるであろう。自我と自我理想の間の緊張があまりに小さいことは、その緊張が大き過ぎるのと同じように精神衛生上有害であることを、実証的な研究は示している。
（4）抑圧的な教育制度の時期と、自由放任の教育制度の時期という両極端もあると思う。現在は、過度の自由放任は衰退し始めているようだ。
（5）Robert Jay Lifton, *History and Human Survival*, New York, Random House, 1969.
（6）Orlick, T., *Pursuit of Excellence*, Ottawa, Coaching Association of Canada, 1980, pp.124-125.

9 はかなさと、死すべき運命

（1）この章は、私が一九四七年二月十九日、チロルのインスブルック大学で講義した際に使用した

「神経症と意味への探求」(Der seelisch kranke Mensch vor der Frage nach dem Sinn des Dasains) という論文をもとにしたものである。

(2) 人生のただ一つの意味が生殖にあるという考えはそれ自体矛盾しており、支持できない。人生そのものが無意味ならば、ただそれを永遠化しても、決して意味のあるものにはならないからである。

(3) Arther Burton (ed.), *Modern Psychotherapeutic Practice: Innovations in Technique*, Palo Alto, California: Science and Behavior Books, 1965 を参照せよ。

(4) テリー・ゼールケとジョン・ワトキンスは、末期癌患者へのロゴセラピーの効果研究を行なった。患者たちは、ＰＩＬテスト (Purpose in Life Test) の結果によれば、人生の意味や目的に対する感覚が有意に高くなっていた。Zuehlke, T. E. & Watkins, J. T., “The Use of Psychotherapy with Dying Patients: An Exploratory Study”, *Journal of Clinical Psychology*, 1975, 31, pp.729-732. Zuehlke, T. E. & Watkins, J. T., “Psychotherapy with Terminally Ill Patients”, *Psychotherapy: Theory, Research and Practice*, 1977, 14, pp.403-410.)

(5) 具体的な例を、私の以前のロッククライミング仲間である、故ルドルフ・ライフ氏から聞いたことがある。また、著名な脳病理学者、故オットー・ペツル氏との共著で、このことに関する「落下の際の精神状態について」という論文を発表したこともある。Otto Potzl und V. E. Frankl, “Über die seelischen Zustände während des Absturtzes”, *Monatsschrift für Psychiatrie und Neurologie*, 1952, 123, pp.362-380.

解説　フランクルの遺したメッセージ

諸富　祥彦

本書は、『夜と霧』『それでも人生にイエスと言う』の著者として知られるヴィクトール・エミール・フランクルが一九七八年に英語版オリジナルとして刊行した Viktor, E. Frankl, *The Unheard Cry for Meaning: Psychotherapy and Humanism*, Simon and Schuster, 1978 の邦訳です。

フランクルは周知のように、オーストリアの神経科医兼精神科医。ロゴセラピーないし実存分析と呼ばれる独自の心理療法の創始者で、一九九七年に九十二歳にして亡くなられました。

フランクルがいかなる人物であったか。その生涯を通じて、どのようなメッセージを発した人であったたか。同じ時代を生きた多くの人にとって、またとりわけ、彼の読者にとって、フランクルがいかに特別な存在であったか。

このことをお伝えするために、まず、フランクルの死の知らせを聞いた時の、私自身の、次のような体験を語らせていただきます。

＊　　＊　　＊

二年前の秋、海外で研究活動をおこなっていた私は、フランクル逝去の知らせを意外な形で受け取りました。ある新聞記者の方が、フランクルの追悼文のことで、私と連絡を取りたがっているというのです。

ちょうどイギリスからアメリカにわたったところで、新たな住居を探すのに忙しかった私は、新聞に目を通す暇もなく、フランクルが亡くなったことすら知りませんでした。

そんなわけで、新聞の追悼文の原稿依頼という形で、私はこの重いニュースを受け取ったのです。

その時私に去来したのは、ある種の脱力感。

既に何度か拙著の中で述べたことがありますが、私は、十代半ばから二十代前半にかけて、暗黒の青春時代を送っていました。「自分はどう生きるべきか」「どう生きればよいか」わからず、悩み苦しむ毎日。どれほど問うても答えが得られず、半ば自暴自棄のまま、時が過ぎるのに身を任せていたのです。

そんな時、私を救ってくれた一人が、フランクルでした。

フランクルは言います。

「人間が人生の意味は何かと問う前に、人生のほうが人間に問いを発してきている。だから人間は、ほんとうは、生きる意味を問い求める必要などないのである。

人間は、人生から問われている存在である。人間は、生きる意味を求めて問いを発するのではなくて、人生からの問いに答えなくてはならない存在なのである」（『医師による魂の癒し』）。

「どう生きるべきか」「どう生きればよいか」と悩み苦しんできたその問題の真の答えは、実は、私がこの世に生まれてからずっと、常に既に、私の足下に送り届けられてきていたのだということ。だから私は何も、自分でその答えを求める必要などなかったのだということ。人生のこの逆説的な真実を、私は、フランクルのこの言葉を通して教えられました。そして救われたのです。

フランクルの死を知った時、私を襲った脱力感は、したがって、高名な学者が亡くなったことを惜しむ気持ちというより、もがき苦しんでいたかつての自分を支えてくれた〝あの人〟がもうこの世にはいないのだという、その種の思いによるものだったのです。

そしておそらく、フランクルの死を知った時、私と同じような脱力感に襲われた人々が、日本全国に、否、世界中に、数知れずいたはずです。それは、フランクルという人が、単にロゴセラピーという新たな学説を提示した精神科医であり思想家であったばかりでなく、苦しみの中から立ち上がろうと懸命に生きている多くの人々の人生を支え、生きる勇気とエネルギーを与え続けてきた人だったからでしょう。

そんな人の死だけが、多くの人に与えることのできる独特の喪失感というものがあります。フランクルの死は、私にとって、まさにそんな死でした。

あれから二年近くがたった今でも、私の胸には、まだぽっかりと穴があいたままであり、その穴の存在を確認する度に、私は、フランクルの言葉が私にとって、単なる研究対象であることを超えて、自分の存在と一つになり血肉化した〝生きる支え〟であったことを痛感します。フランクルという存在が、そのような特別な存在であったのだということを確認するのです。

フランクルの死の三ヵ月後、実の父が亡くなったこともあり、私にとってその欠落は、既に二年近くが経過する現在でも、際立った欠落であり続けているのです。

＊　＊　＊

ところで、フランクルと言えば誰もが思い出すのが、彼が捕虜として捕らえられたナチスの強制収容所における体験記録『夜と霧』（原題『ある心理学者の強制収容所体験』）でしょう。

わずか九日で書かれたこの本は、そこに記された数々の陰惨な事実にもかかわらず、ある種のさわやかな感動すら与えてくれます。

それは、この著作における著者のまなざしが、強制収容所の生き地獄の中で、なお希望を失わずに生きようとする人々の姿と、それを支える人間精神の気高さとに注がれているからでしょう。

特にアメリカの若者に熱狂的に支持されたこの本は、英語版だけで九百万部を売り尽くし、一九九一年アメリカ国会図書館の調査によれば「私の人生にもっとも影響を与えた本」のベストテン入りを果たしたといいます。もちろん、心理学、精神医学関係では唯一の快挙です。ちなみに、フランクルは最初、強制収容所を体験した数知れない人間の一人として、この本を匿名で刊行する予定であったといいます。

専門分野では、フランクルの名前は、ロゴセラピー（一時期、「実存分析」と呼ばれていたが、現象学派の精神科医ビンスワンガーの「現存在分析」と英訳が同じになり混同されたため、以降ロゴセラピーに名称を統一した）という独自の心理療法の創始者として知られています。

高校生の時にフロイトと文通し、その時同封した論文を国際精神分析学会誌上に掲載され、大学生の時にはアドラーの個人心理学派の中心人物の一人として活躍していたにもかかわらず、いずれにも飽き足らずに離脱。四歳の時以来関心を抱き続けてきた「生きる意味」の問題に焦点を当てた独自の学派を創設しました。そのため、フランクルの学説は、フロイト、アドラーのそれと並んで、〝ヴィーン第三学派〟と称されることもあります。

＊　＊　＊

では、フランクルがその九十二年間の生涯をかけて送り続けてきたメッセージとは、結局、いかなるものだったのでしょうか。

私が今、思い出すのは、次のエピソードです。

収容所生活で生きる希望を失い、「もう人生には何も期待できない」と自殺を決意しかけた二人の囚人。

この二人にそれぞれフランクルは次のように問いかけたといいます。

「たしかにあなたは、人生にもう何も期待できないと思っているかもしれません。人生の最後の日がいつ訪れるかもしれないのですから、無理もない話です。

けれどもその一方で、人生のほうはまだ、あなたに対する期待を決して捨ててはいないはずです。あなたを必要とする何か、あなたを必要としている誰かが必ずいるはずです。

そして、その何かや誰かはあなたに発見されるのを待っているのです。」

この言葉を聞いて二人の囚人は自殺をとりやめたといいます。

ある囚人は外国で自分との再会を待っている娘がいることに、また別の囚人は、ある科学の著作シリーズが自分の手によって完成されるのを待っているということに気づいたからです。

「どんな時も人生には意味がある。自分を必要とする何かがあり、自分を必要とする誰かが必ずいて、自分に発見され実現されるのを待っている」——このような思いほど、私たちの生きる勇気とエネルギーをかきたててくれるものはありません。

フランクルのこのメッセージは、実に半世紀にわたって、人生に絶望しかけた多くの人々の魂を鼓舞し続けてきました。

人々に生きる勇気とエネルギーを与え続けてきた人、と言っていいでしょう。

＊　＊　＊

省みれば、収容所とは比べ物にならないこの豊かな平成・日本においても、しかし、多くの人々が生きるエネルギーを枯渇させ、理由なき疲労感を訴え始めています。

大学生の八割近くが、「毎日がむなしい。つまらない。だから何もしていなくても疲れてしまう」と言い、高校生の三割以上が「自分の夢がかなうなんて思えない」「いくら努力してもダメ」と、この時点で既に、人生を見切ってしまっています。その背後に控えるのは、ただ同じことがくり返される日々の中で「どうせ何をしても無駄」「何のために毎日を生きているのかわからない」という深い深い、〝むなしさ〟の感覚。

それればかりか、一番元気なはずの小学生高学年の男子にして半数近くが、はやくも「朝、病気ではないのに頭がいたい」「お腹がいたい」「吐き気がした」「食欲がない」と、身体症状の形で、言葉にならないストレスを訴え始めているのです。

もちろん、サラリーマンとて例外ではありません。

既に二十年以上も前に豊かな社会を実現していながら、相も変わらず高度成長時代と同じ働きづくめの生活を、ただ「惰性でくり返しているだけ」の日本。個人としても企業としても夢がなく、どれほど頑張って働いても、せいぜい小さな歯車が大きな歯車に変わるだけのこと。家庭の中にも居場所はなく、たまに父親らしさを発揮しようとしても、何を今さらと迷惑がられる始末。一時ブームになった女子高生相手の援助交際は、そんな窒息しそうな日常からたとえ一瞬であれ脱出したいというささやかな願望の現れだったのでしょう。

また最近、妻には「出張」と伝えながら、実際は近くのホテルに一人で部屋をとって泊まるサラリーマンが増えているとも聞きます。

なぜ、こうなってしまうのでしょうか。

フランクルによれば、現代人がストレスフルなのは、あまりにも緊張すべき場面が多いからではありません。今の日本とは、つまるところ、すべてが与えられた豊かさの中で、「輝ける未来」も「実現すべき目標」も見当たらない、どこまでも〝まっ平らな世の中〟です。目指すべき「理想」もなければ「目標」もない。なしとげなければならない「使命」もない。こうして、よい意味での緊張感（実存的緊張）を欠いているからこそ、現代人はストレスフルなのだとフランクルは言うのです（『心理療法と実存主義』）。

プレッシャーが強すぎるからではなく、よい意味での本物のプレッシャーがない世の中だから、人々の心が脆弱になっているという逆説をフランクルは説くのです。

この指摘は、現代人のストレスの問題を考える際に見逃しがちな根本的な盲点を突いています。人生の本質を、各自に課せられた個人的な「使命」を実現する場であると捉えるフランクルの心理学。それは、こんな「むなしさの時代」においてこそ、その真価を発揮するもののはずです。

平成の不況はますます深刻化し、リストラされたサラリーマンや、経営不振に喘ぐ中小企業の経営者は、八方塞がりの状態。中高年の自殺者は急増し、事態の重大さを物語っています。

そして、そんな時代だからこそ、どんな逆境にあっても決して希望を見失わないこと、いかに絶望的な状況に見えようとも――刑の執行が間近に迫った死刑囚のような状況に置かれていようとも――人生を意味あるものにする可能性は存在し続けること、そしてその可能性を現実化しうるか否かは、ただその人の人生に対する態度如何にかかっているということ、このことを教えてくれるフランクルの心理学は、ますますその重要性を増してきていると思います。

＊　＊　＊

この本の特色は、その出版年に大きく影響されています。

フランクルのほかの著書の多く、たとえば『夜と霧』や『それでも人生にイエスと言う』は、戦後すぐに書かれたものです。したがってこれらの本では、第二次世界大戦での収容所体験、そしてそこからの帰還者としてのフランクルが前面に出ており、そこでは、収容所での数々の陰惨な体験にもかかわらず、前向きに生きていく人間精神の美しさ、崇高さが歌われています。

それに比べてこの本は、一九七八年、戦後三十年以上が経過した時点で書かれたもの。ちょうどこの時期アメリカは心理学ブームのただ中にあり、そのトップ・スターの一角を占めていたフランクルが、全米各地で講演活動に飛び回る中で書かれたのが、この本なのです。この十一年前、一九六七年にもフランクルは『心理療法と実存主義』（邦訳　高島博・長澤順治訳『現代人の病』丸善）という講演記録やエッセイを集めた論文集を刊行していますが、本書は、その続編に当たります。

そうしたこともあり、本書では、現代人が抱える様々な心の問題、中でもとりわけ、心の〝むなしさ〟（フランクルの言う実存的空虚）の問題が正面に据えられ、それにどう直面すべきかが、よりストレートに書かれています。

私の見るところ、フランクルの他の著書にない本書の魅力は、次の三点に集約されます。

一つは、現代の若者を中心に広がっている〝心のむなしさ〟や〝さみしさ〟の問題を正面から取り上げ、それがこの時代の何に由来するのかを、見事に解きあかし、さらに、生きる意味はいかにして見出されうるかを明快に説いている点（第一章〜第四章）。この本は二十年前に書かれたものですが、今読んでも、まったく古さが感じられません。

つまり本書の前半部分は、フランクルの基本理論の解説に当てられているのですが、講演記録やエッセイを集めただけあって、説明はかなりこなれたものになっています。同じようにフランクルの基本理論をコンパクトにまとめたものに『意味への意志』（大沢博訳、ブレーン出版）があり、これもいい本なのですが、残念ながら今では入手困難になっているようですので、本書の前半は、フランクルの基本的な考えを知る上で、最も簡潔にまとめられた入門書的な役割を果たすものと言えるでしょう。

二つめは、二十世紀を代表する精神科医であり心理学者であるフランクルが、現代人の抱えるさまざまな問題に関する自説を明快に展開している点。相手への愛を欠き自己目的化したセックスの問題。現代文学の価値の問題。そして、すべての欲求が満たされた時代であるがゆえに必要とされる〝新たな禁欲主義〟としてのスポーツの問題などについて、思い切りのよい主張を述べています（第六章〜第八章）。

さらにこれとのかかわりで、本書では、〝心理学者フランクル〟が前面に出ていることが、心理学に関心のある読者にとっては魅力的な点です。フランクルの心理学は一般に〝心理学第三の流れ〟と呼ばれる人間性心理学に属するとみなされていますが、第五章でフランクルは、この人間性心理学や、その柱の一つである〝出会い〟概念、さらにはエンカウンターグループについての原理的な批判を展開しており、自分の立場を「人間性心理学から切り離したほうがいいかもしれない」と刺激的な発言をおこなっています。

この点について若干の解説を加えましょう。

この章の副題「〝人間性〟心理学はどれだけ人間的か」に端的に示されるように、フランクルは、カール・ロジャーズやアブラハム・マズローで知られる人間性心理学、特にエンカウンターグループに代表される〝出会い〟の考えにかなり批判的な姿勢を取っています。

それは、一言で言えば、人間を超えた何かとのかかわりなしで、人間と人間が直に向き合うだけで、ほんとうの出会いは果して成立するのか、という疑問です。

フランクルは言います。

「私が言いたいのは、どんな対話も、それがロゴスの次元に入っていかなければ、本当の対話ではない、ということである。ロゴスのない対話、何らかの志向対象への方向性を持たない対話は、実はモノローグが相互になされているにすぎない、二人の人間によってなされている単なるモノローグにすぎない。」

エンカウンターグループでおこなわれているのは、多くの場合、実はせいぜい「相互的なモノローグ」にすぎない、というわけで、これはなかなか手厳しい批判です。

フランクルはまた、次のようにも言います。

現代人の多くは孤独に苦しめられているから、その孤独を癒そうと人々がエンカウンターグループなどに熱中するのは、わかる。しかし、その場合、孤独に耐える力を持たない者同士が肩を寄せ合って、さみしさを埋めあっているわけで、それであれば、さみしい者同志がそのさみしさを埋めるために愛のないセックスに走るのと、本質的な違いはないではないか、と。

これなど、エンカウンターグループに限らず、孤独でいることが苦手な日本人の在り方に対しての、かなり痛烈な批判になりうる言葉です。

そして、エンカウンターグループにおける出会いは、このように、孤独に耐える力を持たない者同士がそのさみしさを埋めあうために集まって、お互いに、モノローグ的な自己表現をしあうだけの疑似的な出会いになってしまっているが、そのような事態が起きてしまうのは、人間性心理学における〝出会い〟概念が、人間を自己超越的な関係への窓を持たないモナドのようにみなす俗悪な機械主義的概念になってしまっているからではないか、と理論的な批判を展開していきます。

また、エンカウンターグループでメンバーのそれぞれが、自分の感情を見つめたり、それぞれの表明した感情についてとめどなく話し合ったりする傾向についても、それは、現代人の病理の一つである〝内省過剰〟〝話し合い過剰〟を助長するだけではないか、と指摘するのです。フランクルのいいところは、批判が批判のための批判に終わらないところです。フランクルによれば、真の出会いとは〝お互いにロゴスに開かれつつ共存すること〟。真の出会いは、相手をみずからを超えてロゴスに向かわしめるものであり、相互的な自己超越を促進するものでさえある、と言います。そして、このような考えを踏まえるならば、エンカウンターグループは真の〝出会い〟の集団となる可能性はあり、生きる意味について語りあったり、お互いの自己超越を支えあい促しあう場にもなりうるであろう、と指摘するのです。

ここでフランクルが展開したエンカウンターグループ批判は、私には、きわめてまっとうな批判のように思えます。その主張はつまるところ、孤独に耐えることのできない個人が集ってさみしさを埋め合わせたり、それぞれがただ自分の内面を見つめてそれを表現するだけなのであれば、それは集団でおこなうモノローグにすぎない。〝出会い〟などとは、とても呼べない。しかし、自分の孤独を甘んじて引き受け、さらに、今の自分を超えて何かに向かっている個々人が集い、そんな自分を語りあうならば、そこに真の〝出会い〟は生まれうる、といったことです。エンカウンターグループのファシリテーターをしばしば務めることのある私にとっても、今後、グループの質を吟味する上での、厳しい指摘となりそうです。

本書の魅力の三つめは、第九章「はかなさと、死すべき運命」において展開されたフランクルの時間論。フランクルが〝死〟について、ほかの著書では見られないほどストレートに語っている章が、私見では、最も魅力的です。

そこで展開されるフランクルの考えは、くわしくはもちろん本論を読んでいただくにしても、一言で言えば〝ただぼんやりと過ぎ去った過去の時間は失われていくけれど、生きぬかれた過去の時間は、永遠に刻まれ、永遠に存在し続ける。それは、未来の可能性などよりも、ずっと確かなものなのだ〟という考え。

これを少し説明しましょう。

フランクルの考えの要点は、次のようなことです。

この肉体に包まれた自我としての私は死んでも、私が生き抜いた〝時間〟は永遠に残り続ける。過去は、永遠の記録として書き込まれる。そしてこの永遠の記録は、決して失われることなく、永久に保存され続けるのだ。

したがって、死者は、過去として、この世界に永遠に存在し続ける。死において人生は完成し、すべては過去になるが、ある意味では過去ほど、安全かつ確実な存在の仕方はない。なぜなら、未来の可能性は誰かの手によって妨げられうるが、過去の現実は、もう誰によっても奪われることがないからだ。

このように、フランクルによれば、人生は決してはかないものではありません。肉体に包まれた自我としての私は、いつか消え行くはかない存在だとしても、生きられた人生そのもの、生きられた時間そのものは、肉体の死によって過去になることで、むしろ確かな現実性として存在し続ける、と言うのです。

したがって、もしある人がその人生を意味ある仕方で生きぬいたとしたなら、たとえその人が死んでも、その人生の意味は、決してなくなることはありません。むしろ、死によってすべてが過去になることで、その人の人生は永遠に意味あるものであり続けることができる。フランクルはそう考えるのです。

このように、フランクルは、〝今〟だけを見つめる実存主義的な刹那主義にも、すべては私たちの意志を超えており、私たちはただそれに従うほかない、という宿命論にも陥ることなく〝生き抜かれた過去の時間は、永遠に保存され続ける〟という独特の考えをベースに、死によっても、人生の意味は決して奪い去られはしないことを、力強く訴えます。

それは、過ぎ去った過去に対する、果てし無く暖かい眼差し。

日本が高齢化社会を迎え、老後をどう生きるか、いかに死ぬか、そして他者の死をいかに看取り、自分の人生を肯定しつつ死を迎えるよう援助しうるか、といったことが大きな問題になっていくにつれ、本書で示されたフランクルの時間論＝〝過去を肯定する眼差し〟は、福祉やホスピス、高齢者カウンセリングなどの分野で大きな意味を持ってくるはずです。

それにしても、本書を読み終えて私が改めて感じたことは、フランクルの言葉には、私たちの魂を鼓舞し、生きるエネルギーを与えてくれる何かがある、ということです。

どんな時も、人生には、意味がある。

この人生のどこかに、あなたを必要とする「何か」があり、「誰か」がいる。

そしてその「何か」や「誰か」は、あなたに発見されるのを待っている。

だから、たとえ今がどんなに苦しくても、あなたはすべてを投げ出す必要はない。

あなたがすべてを投げ出しさえしなければ、いつか自分の人生に〝イエス〟と答えることのできる日が必ずやってくる。

いや、たとえあなたが人生に〝イエス〟と言えなくても、人生のほうからあなたに〝イエス〟と光を差し込んでくる時が、いつか、かならずやってくるはずだ。


嫌なことが重なって心がくじけそうになった時、フランクルの言葉はいつも、私たちにこんなメッセージを届けてくれます。

だからそれは、私たちに、生きる勇気とエネルギーとを与えてくれるのです。

それはまさに、〝逆境の心理学〟。

逆境を耐え忍ぶための心理学。

そしていつか必ず、逆境から抜け出て、人生を肯定できる日が来ると教えてくれる心理学です。

長引く不況の中、自殺者の急増が報道される今日の日本で、まさに今必要とされている心理学だと言えるでしょう。

＊　＊　＊

最後に、翻訳作業の分担について。

第一章から第五章にかけては上嶋洋一が、第六章から第九章にかけては松岡世利子がまず訳し、ひとまず訳し終わったところで、フランクル研究者としての立場から諸富祥彦が訳の全体をチェックし、若干の修正や細かな表現上の工夫を施しました。しかし、上嶋・松岡両氏の翻訳が素晴らしかったため、大幅な修正を要する箇所はなかったことをここに明記しておきたいと思います。

なお、原著には、フランクルの考案した心理療法の技法である反省除去や逆説志向の効果についての臨床報告や実証的なデータをまとめた章がもう一章ありました。しかし、これまでに訳出・刊行されているフランクルの翻訳にもほぼ似た内容のものが既に存在していたり（たとえば山田邦男・松田美佳訳『宿命を超えて、自己を超えて』［春秋社］の「ロゴセラピーとはなにか」など）、また、内容面から言っても心理療法の技法に関する章であり、したがってこの箇所がなくても全体の理解にはさほど影響がなく、一般の読者にとってはさほど興味深い章ではないと考えられたため、この章を割愛したことを断っておきます。

なお、最近、カリフォルニア州立大学バークレイ校の Graduate Theological Union Archives がフランクルに関するウェブ・サイトを開設しました。アドレスを紹介しておきます。

www.gtu.edu/library/frankl.html

監訳者・訳者紹介

諸富祥彦　Morotomi Yoshihiko

福岡県生まれ。筑波大学大学院博士課程修了。教育学博士。現在、明治大学文学部教授。臨床心理士。専攻はカウンセリング。日本トランスパーソナル学会会長。関連著書に『100分 de 名著ブックス　フランクル』（NHK 出版）『選書メチエ フランクル』（講談社）『フランクル心理学入門』（角川ソフィア文庫）『どんな時に人生に YES と言う』（PHP 出版）。

気づきと学びの心理学研究会アウエアネス（morotomi.net/）や、compfire オンラインサロンでフランクル関係の研修会や読書会を行っている。

上嶋洋一　Uejima Youichi

大阪府生まれ。東京教育大学教育学部卒。筑波大学大学院博士課程教育学研究科を経て、現在、龍谷大学短期大学部非常勤講師。幸・総合人間研究所研究員。

松岡世利子　Matsuoka Yoriko

京都市生まれ。京都教育大学英文科卒。国際電信電話株式会社勤務を経て、英会話講師、老人介護関連の翻訳などを手がける。現在、京都府立大学勤務。

〈生きる意味〉を求めて

1999年10月20日　初　版第1刷発行
2025年1月20日　新装版第1刷発行
著　者＝ヴィクトール・E・フランクル
監訳者＝諸富祥彦
訳　者＝上嶋洋一・松岡世利子
発行者＝小林公二
発行所＝株式会社春秋社
〒101-0021　東京都千代田区外神田2—18—6
電話　(03)3255-9611（営業）(03)3255-9614（編集）
振替　00180-6-24861　https://www.shunjusha.co.jp/
印刷所＝株式会社太平印刷社
製本所＝ナショナル製本協同組合
装　丁＝芦澤泰偉

ISBN 978-4-393-36580-9　Printed in Japan
定価はカバーに表示してあります